状元谈听课

→ 2016年黑龙江高考文科状元　曲铁男 ←

注重课堂吸收，但不能局限于课堂

“课堂认真听讲，吃透，” 曲铁男说，“但也不能局限于课堂。要在平时多读书，多看纪录片，这里面有丰富的营养。”

→ 2016年山东高考理科状元　胡景 ←

珍惜课堂的每一分钟

胡景说，每门功课都有自己的特点，每个同学也有自己的特点，要根据自己的实际情况制定学习方法。“但有一点是相通的，那就是珍惜课堂的每一分钟，充分消化吸收，课堂一分钟能赶超课下十年功，虽然有些夸张，但课堂真的非常重要。”

→ 2015年山西高考文科状元　翟颖佳 ←

认真听课很重要

翟颖佳认为，她成绩好的秘诀就是对学习有兴趣，上课的时候认真听，她从不会在课堂上做一些其他的事情，“有些同学时不时开下小差，很有可能就错过了一些老师讲的重要知识点”。

状元学习法系列

全国重点名校教师推荐

北大清华状元都养成的100个听课习惯

（修订本）

陈年年◎主编

图书在版编目（CIP）数据

北大清华状元都养成的100个听课习惯 / 陈年年主编
. -- 修订本 . -- 北京 : 新世界出版社 , 2017.6
ISBN 978-7-5104-6320-4

Ⅰ . ①北… Ⅱ . ①陈… Ⅲ . ①中学生—学习方法
Ⅳ . ① G632.46

中国版本图书馆 CIP 数据核字（2017）第 122998 号

北大清华状元都养成的100个听课习惯

作　　者：陈年年
责任编辑：房　阳
责任校对：宣　慧
责任印制：李一鸣　王宝根
出版发行：新世界出版社
社　　址：北京西城区百万庄大街24号（100037）
发 行 部：（010）6899 5968　（010）6899 8705（传真）
总 编 室：（010）6899 5424　（010）6832 6679（传真）
http://www.nwp.cn
http://www.nwp.com.cn
版 权 部：+8610 6899 6306
版权部电子信箱：nwpcd@sina.com
印　　刷：北京市兆成印刷有限责任公司
经　　销：新华书店
开　　本：710mm × 1000mm　1/16
字　　数：200千字　印张：13.5
版　　次：2017年6月第1版　2017年6月第1次印刷
书　　号：ISBN 978-7-5104-6320-4
定　　价：29.80元

PREFACE 前　言

作为一名班主任，每当迎接一级新的学生时，我都会首先问他们这个问题："同学们，你们会听课吗？"

乍一听这个问题，你可能会哑然失笑："听课，这么简单的事情，谁不会呀！"有的同学也许还会对此嗤之以鼻："瞧您问的，我上学这么多年了，听课还是问题啊？"

所以，每次我问同学们这个问题时，大家都会异口同声地回答：

"会！"

但是，我马上打开投影，接着问："请大家认真想想，你在平时的课堂上，有没有出现过以下这些状况？"

a. 上课发呆、走神，注意力不集中。

b. 不敢举手回答老师的提问。

c. 有的新课很难听懂。

d. 课上好像听懂了，一到考试就忘。

e. 平时总是感觉学习时间不够用。

f. 课是认真听了，但笔记本上空无一字。

g. 光顾着记笔记，下课发现什么都没听进去。

……

"如果这些状况你一个都没有，请举手。"

大家一下子都安静了下来，没有一位同学举手……

后来，我经常告诫我的学生们，为学习成绩不理想而苦恼的大有人在，而他们最常见的应对办法，无非是大量的补课、做题以及请家教……事实上，这些做法本末倒置，往往收不到好的效果。其实，作为中学生，每节课有45分钟，而每年要上1000多节课，课堂占据了大家全部学习时间的2/3以上。而且，最基础、最重要的学习内容也都是在课堂上获得的。因此，要想从根本上提高成绩，首先就要保证听课的高质量。可以毫不夸张地说，课堂就是中学生提高成绩的生命线。

不重视课堂，是大部分成绩不佳的学生最容易陷入的学习误区。要想改善学习状况，首先就要提高听课质量，争取使课堂的每一分钟都能产生效益。当然，除了听课，课上还有一项重要任务就是做笔记。通过对历年各地中高考状元的采访，人们发现，一本优秀的课堂笔记，几乎是所有尖子生必不可少的秘密武器！

这本《北大清华状元都养成的100个听课习惯》，正是围绕听课和记笔记这两大基础环节，为大家整理了大量具体、实用的学习案例，比如如何轻松提高听课的注意力，针对不同科目怎样选择不同的听课方法，有哪些高效的记笔记方法，数学课应该怎么听才更有收获，等等。这些方法大家一看就懂、一学就会，能马上运用到学习中去。

我希望有了本书的指导，大家在今后的课堂学习中能如鱼得水、游刃有余，做到当堂知识当堂消化，为学习成绩的稳步提高打下最坚实的基础。

在此，祝愿同学们心想事成，考入理想的学校！

CONTENTS 目 录

第一章

掌握听课方法——学会做课堂学习的主人

在中学阶段，课堂学习的时间占了全天学习时间的三分之二以上。无论你的学习成绩如何，课堂听讲永远是最重要、最关键的。

001 45分钟里的加减法 …… 2

002 你的听课目标：当堂掌握知识点 …… 4

003 课堂注意力的提升方法 …… 6

004 掌握课堂注意力的调换 …… 8

005 紧紧跟上老师的讲课思路 …… 10

006 请多问几个“为什么” …… 12

007 听课的关键是加深理解 …… 14

008 珍惜课堂讨论这一宝贵机会 …… 16

009 以我为主，只听对自己有用的信息 …… 18

010 避免光听不看和不做课堂小结 …… 20

011 听讲题课要抓住的6个方面 …… 22
012 听“教科书派”老师的课要事先抓重点 …… 24
013 听“教师用书派”老师的课要选好参考书 …… 26
014 听“脱轨派”老师的课要先详读课本 …… 28
015 听“念佛派”老师的课要多发问 …… 30
016 听“射手派”老师的课要改变笔记方式 …… 32
017 听课要“眼观三路，耳听一方” …… 34
018 怎样让你的大脑活跃起来 …… 36
019 听课就是与老师做好配合 …… 38
020 上新课时要学会联系旧课 …… 40
021 积极发言，将被动听课变为主动听课 …… 42
022 课堂回答问题有技巧 …… 44
023 听课要抓住关键内容 …… 46
024 课堂是听与思的结合 …… 48
025 听课流程也需要安排 …… 50

第二章

做好课堂笔记——用最少的时间消化课堂知识

课堂笔记是我们提高听课效率最有效的方法之一。一本优秀笔记记录的往往是一堂课的重点、难点和疑点。

026 笔记是听课的一个关键部分 …… 52
027 听课与记笔记的关系一定要处理好 …… 54
028 课堂笔记到底要记什么 …… 56
029 课堂笔记应该怎么记 …… 58

030 既要突出重点，也要及时补充 …… 60
031 记课堂笔记要因“科”制宜 …… 62
032 编提纲、写提要的记笔记方法 …… 64
033 利用符号和缩写记笔记 …… 66
034 找到最理想的笔记形式 …… 68
035 课本上也可以做笔记 …… 70
036 短小精练的摘录式笔记 …… 72
037 方便灵活的图表式笔记 …… 74
038 整理过的笔记才是好笔记 …… 76
039 加工、整理笔记的四项原则 …… 78
040 整理笔记的具体方法与要求 …… 80
041 整理课堂笔记六步法 …… 82
042 好笔记要有好的编辑技巧 …… 84
043 沙里淘金筛选笔记内容 …… 86
044 坚持做难题笔记与错题笔记 …… 88
045 增强笔记的“视觉效果” …… 90
046 避免两种记笔记的误区 …… 92
047 课堂笔记要因科而异 …… 94

第三章

分科听课技巧——熟悉不同科目的听课模式

不同学科的独特学习特点，在课堂上体现得最明显。学习材料不同，老师的讲课方式不同，我们听课的方法也应该因“科”制宜。

048 上好语文课要抓住三大前提 …… 96

049 课前要先熟读课文 …… 98
050 把思考作为语文课的中心环节 …… 100
051 用游戏的方式上语文课 …… 102
052 听语文课要学会疑问与联想 …… 104
053 好的阅读技巧让你的语文课更高效 …… 106
054 听好语文课的几个小诀窍 …… 108
055 课下要培养良好的语文学习习惯 …… 110
056 预习是上好数学课的关键 …… 112
057 数学课本也要认真阅读 …… 114
058 听好数学课的四个要求 …… 116
059 争取在课堂上真正理解数学概念 …… 118
060 重视老师运用的数学思维方法 …… 120
061 听数学课时要注意掌握“活知识” …… 122
062 掌握数学语言是学好数学的关键 …… 124
063 英语课该怎么预习 …… 126
064 如何在课堂上进行英语听说训练 …… 128
065 英语课堂上的单词记忆方法 …… 130
066 掌握语法是上好英语课的关键之一 …… 132
067 跟随老师一起分析英语课文 …… 134
068 物理课上要牢牢掌握概念、定律与公式 …… 136
069 如何上好物理实验课 …… 138
070 听课时要抓住化学概念中的关键词 …… 140
071 化学课也要记好笔记 …… 142
072 化学实验课的学习方法 …… 144

073 上政治课要掌握基本概念和原理 …… 146
074 一定要重视的生物实验课 …… 148

第四章

课前预习+课后总结——强化听课效果的撒手锏

听课是中学阶段学习的关键环节，但再好的听课方法，如果没有预习、复习的配合和补充，也无法达到长远、稳定的学习效果。

075 预习和听课有什么关系 …… 150
076 明确预习的各项任务 …… 152
077 好的预习有什么具体要求 …… 154
078 如何养成良好的预习习惯 …… 156
079 掌握不同科目的预习方法 …… 158
080 课前预习的内容与方法 …… 160
081 掌握课前预读的技巧 …… 162
082 预习时如何进行圈点批注 …… 164
083 你会记预习笔记吗 …… 166
084 寻找最适合自己的预习方法 …… 168
085 课前预习五步走 …… 170
086 适用于文科的提纲预习法 …… 172
087 利用好课本的目录 …… 174
088 制订一个科学的复习计划 …… 176

089 熟悉复习的形式与要求 …… 178
090 复习时要紧紧抓住教科书 …… 180
091 高效的做表（图）解复习法 …… 182
092 复习过程中要善于抓住主要矛盾 …… 184
093 最有用的“过电影”复习法 …… 186
094 复习的效率如何提高 …… 188
095 系统复习要抓基础知识和题型 …… 190
096 实用的“四化”复习法 …… 192
097 先复习，后做题 …… 194
098 每节课后都要及时复习总结 …… 196
099 高效使用参考书 …… 198
100 “旧路新探”复习法 …… 200

第一章

掌握听课方法
——学会做课堂学习的主人

中学阶段，课堂学习的时间占了全天学习时间的大部分，在三分之二以上。假设一年12个月都用于学习，那么中学生有9个月都是在课堂上度过的，课堂的重要性不言而喻。无论你的学习成绩如何，无论你的基础功底如何，课堂听讲永远是最重要、最关键的。如果不重视课堂，或者课堂听讲的效率不高，必然会影响学习成绩。有些学生和家长或许认为，课堂效率不高的话，还可以在课外请家教嘛！问题是，一个人一天的精力是有限的，在一天8个小时（甚至达到10个小时）的课堂学习之后，还要吃“小灶”，整个人会被弄得精疲力竭，学习效果自然也不会好。所以，中学生要想提高成绩，就必须牢牢抓住课堂听讲这个重要环节，争取上好每一堂课，而不要舍本求末。

001 45分钟里的加减法

山西夏县的一位中学生写了一篇文章，题目是《45分钟里的加减法》，文章认为要认真做好课前准备。上课铃声一响，“学习机器”就应该马上开动起来，这样做等于是在45分钟里加了5分钟、10分钟。相反，如果铃声响过才慢腾腾地走进教室，有时候人进了教室心还在操场上，再加上学习用具没有准备好，不是铅笔没有芯，就是中性笔没水了，或者找不到书，结果老师讲了半天，自己也不知道老师在讲什么。这就等于45分钟减去了5分钟、10分钟。

课堂上精神集中，越学越有劲，越学越主动；思想开小差，一步没跟上，步步跟不上。这里的得失就不只是用加减法来计算了，甚至需要用乘除法了。可见，课前准备是十分重要的。那么，它大致有哪几个方面呢？

1. **物质准备**。上课前，必须准备好课本、练习本、笔记本，装好笔芯，有时还要准备好模型。如果等到老师讲课的时候再找这找那，不仅会浪费课堂上宝贵的时间，而且还会打乱你的听课思路。

2. **知识准备**。这主要是通过预习的方法来实现的，应该说它是决定听课效率高低的最主要的因素，是最重要的课前准备工作。关于预习，我们将在后面的章节中详细介绍。

3. **心理准备**。有的学生进了课堂，觉得老师讲课有意思时就听，没意思时就不听，或者忙于做自己喜欢的事，缺乏积极进取的精神，有一种无所谓的心理状态，这种心理状态必然会使课堂学习效率大大降低。而有的学生一见老师进教室就分外高兴，总盼着上课时能向老师学点新知识，解决一些问题，老师在他们的心目中占有很重要的位置。这种心理状态，使课堂的学习效率大大提高。

2016年山东高考理科状元胡景也十分重视课堂学习，他认为珍惜课堂的每一分钟，充分消化吸收老师讲的东西，能使课堂一分钟发挥的功效十倍于课下。这是他能成为状元的一个很重要的原因。

名师关键提示

培养正确的听课心态

中学生面对上课的正确的态度应该是：以平静、轻松和愉悦的心情迎接新课和老师的到来；应该想到在新的课堂上自己又将学到新的知识和本领，从而感到兴奋，产生一种心理期盼。只有在这种心理状态下进入课堂，才能确保获得听课的高效率。

——广州市优秀教师　赵军

002 你的听课目标：当堂掌握知识点

每一节课听完后有哪些收获？这个问题你是否问过自己。如果课后你能把老师课堂上讲的知识要点逐一回忆起来，证明你的听课效率是高的。

一节课中重要的知识点是不太多的，一般四五个，并且老师会着重讲解这几个知识要点。如果你在听课时积极思考，就完全可以当堂掌握知识、解决问题。抓知识要点的关键在于掌握好时机，我们可以从以下三方面去把握。

1．一节课的最初5分钟。老师在讲解新课之前，都要复习上一节所讲的内容，为本节要讲的内容引个头，概述本节课的目的，综述讲解的思路。学生要抓住这个机会，及时进行复习，为接受本节内容奠定基础。可惜，很多同学把老师的“开场白”视为闲话，不注意听讲，更不去记忆，这不能不说是一个很大的损失。

2．教师的要求。老师为了讲好一节课，要研究教学大纲、教材、教学参考书等，同时还要科学地设计教学方法，明确地告诉学生本节的重点、难点，以引起学生的重视。所以对老师的要求应予以高度的重视。

3. 一节课的最后5分钟。训练有素的老师，总是利用这一段时间总结自己这一节所讲的内容。这时你要和老师一起复习、巩固本节课的知识要点。掌握知识要点不仅仅是记住结论，更重要的是理解、明确概念的含义，了解知识间的内在联系，只有理解的记忆才是真正的掌握。

2016年山东高考文科状元董晓梦认为，跟紧老师的思路和节奏，尽量在课堂上掌握住知识点，高中的科目那么多，上好每一堂课，就是在提高效率。

名师细节指点

抓住开头和结尾

在听课时，同学们一定要好好抓住开头和结尾。有的同学在听课时，常常忽视老师讲课的开头和结尾，错误地认为，开头语不是“正文”，可听可不听；结束语是“正文”的“重复”，既然前面已经听过了，就可以不用再听了。因此他们在上课开始和结束时常常心不在焉，这是大错特错的。实际上，老师讲课的开头，虽然往往只有几句话，但却是整节课的提纲。我们只有抓住这个提纲去听课，才能知道应该做什么，该按照怎样的步骤去做。结尾的话虽也不多，却常常是一节课精要的提炼和复习的重点，有着不容忽视的作用。

——江苏省姜堰市优秀教师　万春耕

003 课堂注意力的提升方法

由于中学生的年龄普遍较低，注意力不能高度集中是他们的天性。所以，很多学生上课很容易走神。例如，很多人上课时表面上在听老师讲课，但是窗外小鸟的叫声、楼下人的讲话声等均会使他们走神。如何才能集中精神，专心致志地听课呢?

1. 课前进行心理暗示。上课前进行自我暗示，能够对整节课的学习状态和效果产生积极的影响，具体操作方式如下：①预备铃响，就回到教室安静地坐好。②深呼吸三次。吸气的时候，想象着把快乐和信心吸进来；呼气的时候，想象着把疲劳、烦恼和不安定的因素都呼出去。③令全身肌肉高度紧张，保持一会儿，然后慢慢放松，体会放松的感觉。④重复上述第三个步骤两次。⑤在心里对自己说："这节课的知识对我很重要，我一定能够全神贯注地学习。""我对上好这节课很有信心。""我能控制好自己的注意力。""老师好像在对我微笑，我也对他笑一下。""一节精彩的课就要开始了，我很期待……"

以上几个步骤仅供参考。中学生只要选用适合自己的内容和方式进行训练，就可以形成一套非常有效的课堂集中注意力的技术。

2. 带着解决具体问题的心情来上课。上课铃一响，就要通过回忆，迅速把旧课和新课联系起来，以便进入学习状态。预习了的同学，就可以带着预习时的问题上课，由于上课有了迫切需要解决的问题，有了具体的学习任务，就会积极主动地去听讲、去思索了。学习“兴奋”一旦形成，其他事情就不易“侵入”，“走神”也就不易发生了。

3. 不要死钻牛角尖。上课的时候，老师总是从一个问题讲到另一个问题。如果你第一个问题没听懂，不要死钻“牛角尖”，可以先放一下，接着往下听讲。钻研的精神是好的，但课堂的学习有很强的时间性，如果一个问题没听懂，就拼命地想，老师下面讲的内容就学不到了，这是一种注意力不能及时转移的“走神”现象，在同学中比较普遍。为了避免出现这种现象，一旦遇到一时听不懂或需要进一步思考的问题，可以先记在笔记本上，等下课之后再去思考。

名师关键提示

如何安排好课间十分钟

有的同学上课注意力不集中，是因为课间十分钟安排不当造成的。例如，课间做题，上课铃响了，头脑中仍在思考解题的问题，影响了听课效果；课间看武侠或侦探小说，情节紧张，上课铃响了，头脑中一直在关心着小说中人物的命运，很难继续听讲。自控力差的同学，按捺不住，会发展到在课堂上偷看小说的地步；课间谈论容易引起兴奋的事，像到什么地方旅游等，一兴奋起来就会影响上课。因此，课间最好搞点轻微的体育活动，散散步，适当活动一下为好，不要使头脑太兴奋。

——福建省厦门市第一中学优秀教师　王璘

004 掌握课堂注意力的调换

大家都知道，听课时要全神贯注，但中学生是很难保证一堂课自始至终都保持着高度集中的注意力。这时，我们就要掌握课堂注意力调换的方法。

一堂课的顺利完成，需要有意注意和无意注意的有效转换，才能收到良好的效果。强烈、新奇、对比明显、活动变化的刺激物容易引起人的无意注意。教师在课堂上呈现的教具、实物、模型、图画、多媒体介质、与教学内容相关的生动的故事和笑话、幽默的语言动作等都可以引起学生的无意注意。而当学习内容缺乏新异性和趣味性时，学习材料自身就失去了吸引力，这时候就需要意志来维持注意，从而转入有意注意的状态。例如教师讲解一个枯燥的原理时，学生就必须运用有意注意。

无意注意令课堂气氛活跃，令学生感到轻松愉快。但是，单靠无意注意所获得的知识是零碎、不系统的，而且不是所有的知识都能以无意注意的方式呈现；有意注意可以使学生获得全面、系统的知识，但是它需要意志来维持，令学生感到紧张和疲劳，时间一长就会出现注意力分散的现象。因此在课堂教学时，教师一般都会恰当地安排教学内容和进程，使学生有意注意和无意注意交替进行，并使学生的注意力有松有紧，有张有弛，从而始终保持良好的注意力状态。

有的同学不重视注意力的调换，往往一堂课下来觉得很累。也有的同学注意力调换以后，不能随着教师的节奏继续听课，如教师已经停止实验操作开始讲授新课，而这些同学的注意力仍停留在已做完的实验上，或是仍停留在教师安排的某些有趣的课堂插曲上，不能根据新的学习要求，主动地将注意力从一个对象转移到另一个对象上。

可见，跟着教师的节奏有效地实现有意注意和无意注意的调换，是一种十分重要的课堂学习技术，这一技术需要循着如下途径进行训练。

（1）当教师讲课的内容新异刺激时，使自己尽可能融入这一刺激所创造的情境中，获得对这一刺激的鲜明印象以及轻松愉快的心境。

（2）随即开始思考这一刺激所蕴含的原理，并使之与本节课的主题发生联系。

（3）告诫自己，新异刺激之后，就要开始关键知识的学习了，一定要保持注意力，跟上教师的节奏。

·尖子生·
·对你说·

寻找老师的讲课规律

我曾经看过一本杂志，说人的注意力不可能长时间地保持固定的状态，而是经常间歇地加强或减弱，而中学生的持续注意力一般在20分钟左右。于是，我在上课时就留心观察，发现有经验的教师常常在一堂课内以几种不同的形式组织教学，如讲授15分钟新课后，安排一定时间的讨论或进行随堂训练，或穿插一些演示实验操作，或在短暂的时间内以诙谐的语言调节下课堂气氛，以避免出现听课疲劳的状况，维持注意力的稳定性。所以，同学们也应掌握这一规律，主动跟上老师课堂上对注意力调换的节奏。

——山东高考文科状元、北京大学金融学院　李洋

005 紧紧跟上老师的讲课思路

为什么有的同学听课听不懂？其中一个主要的原因，就是他们听课时只注意一些支离破碎的片段，而没有抓住老师讲课的思路。对于老师讲述的一些有趣的片段，他们直到下课后还能记住，但老师在课上总体讲了一个什么问题，是怎样提出的，又是怎样解决的，却都说不上来了。还有一种情况，有些同学对识记性和比较具体的知识点，都能很好地掌握，但对于那些理论性强和比较抽象的内容，却总是不能当堂理解和消化，这就导致他们听课缺乏连续性，也就难以获得完整的知识体系。那么，如何在听讲时抓住老师的思路呢？

1. **注意老师叙述问题的逻辑性。**在上课时抓住老师的思路，不仅连老师讲的每一个细小问题都不放过，而且要特别注意老师叙述问题的逻辑性，注意老师正在讲什么问题，解决什么矛盾，问题是怎样提出来的，解决这个问题将达到什么效果，以及分析问题的步骤和方法，得出了什么结论等。抓住了老师讲课的这些逻辑程序，就可以逐渐深入到知识的实质中去了。

2. 紧跟老师的讲课进度。在课堂上，有好多学生遇到听不懂的问题时，往往为了急于弄懂，去翻课本；遇到没有听明白的问题时，就停止听课去独自思考，其实这是十分错误的做法。学校实行的都是班级授课制，老师是对着一个班的学生讲课的，当你翻书、停下思考时，老师早就按他准备的教学进度讲下去了，跟不上教师教学的进度，你自然就听不明白。最好的办法是，听课遇到困难或问题时，先在课本上做个记号，继续听课，下课后通过看书、请教老师或问同学再把疑难问题搞清楚。

3. 重视老师讲课时的提示语。老师在教学中经常有些提示用语，如“请注意”“我再重复一遍”“这个问题的关键是”等，这些用语往往体现了老师的思路。

·优等生·
·经验谈·

重视例题的讲解

在听课时，特别是老师讲例题时，先听老师的思路，听老师是怎样认识题、分析题，又是怎样把题目与所学的知识联系起来解决问题的，在此基础上把解题过程和答案记下来。听课中要紧跟老师的思路走，要多想这道题自己怎么解，老师为什么要这么解，还有什么好的或更简便的方法没有？争取在听课中逐渐积累形成自己的解题思路和方法。

——北京大学国际关系学院　王曦

006 请多问几个“为什么”

在课堂上遇到不太明白的问题是很正常的。有了不懂的地方，就要发问。不少同学就是因为不敢问，才使本来很小的知识漏洞变得越来越大，以至于严重地影响了学习成绩，可见“问”在课堂学习中的重要性。

1. **要有问的勇气。**要认识到有疑问是正常的，可能你问的问题也是其他人想问的问题。再则，即使是个人的问题，也不要害怕丢人。因为即使是丢人，这种丢人也是暂时的，不懂装懂，结果只会害了自己。

2. **大胆怀疑现有结论。**注意对所学课题多问几个“为什么”或“怎么样”，有了问题，然后独立思考，寻求答案。如果自己找不到满意的答案，就向老师和同学请教。

3. **力争超前于老师的思路。**如果自己的想法和老师不一样，先听老师的讲解，再举手提出自己的思路。

4. **要讲究问的方法。**尽管提问的方法很多，但对于学生向老师提问来说，最重要的是，问题要明确，不能连自己也不清楚要问什么。

当然，听课的过程是一个集体学习的过程，所以，在向老师提问时，必须是十分迫切需要解决而又不会对课堂教学造成大的冲击的问题，所以，学生应该在充分预习、积极思考的基础上，大胆而又谨慎地提问。

夺得2016年重庆高考理科状元的郑雅文，不仅听课质量很高，而且很爱和老师交流，特别是她的生物、化学老师，经常被她缠着问问题，有时不知不觉问到中午一点多，老师才能离开吃饭。

如果尖子生都这么刻苦的话，你有什么理由不努力呢?

·尖子生·
·对你说·

“递条子”提问法

“递条子”是问问题的好办法，就是把问题列在纸上交给老师。第一，老师可以清楚地看到问题，并留有思考的余地；第二，通过问题，老师可以指出我们学习的某些症结；第三，节省了双方的时间。但是，问题得到解答后并不是就万事大吉了，问得的答案一定要记清，这点至关重要。因为迷惑或犯错之处正是知识掌握不牢之处，暴露出来是件好事，记住了不再犯就是查漏补缺，是提高成绩的有力手段。建立专门的“问题本”是种好方法，要及时记录并时常翻看，把弱项变成强项。

——北京大学光华管理学院　李习

007 听课的关键是加深理解

课堂上，注意听讲只是一个方面，更重要的方面是加深理解，要不断对老师所讲的教材进行分析和推理。每当老师讲完一个段落后，就应该自己作个小结，以求获得较完整的理解，特别是要把知识中一些细致微妙的道理“掰拆”明白。不仅要掌握书中的概念和原理，而且要搞清这些概念和原理是怎样建立和导出的，弄清它们的来龙去脉、前因后果。这样，就不至于死记硬背，而会对知识的实质和关键有一个切实的了解。

有一个学习优秀的同学在介绍经验时说：“其实，我没有什么经验，只是多想想罢了。任何一个问题，我从来不轻易地接受别人的结论，总要自己把它想通。我总不满足于记结论，而是把道理想清楚。”这个同学的话，是值得我们深思的。

比如，老师在课堂上讲解某一结论时，一般有一个推导过程，如数学问题的来龙去脉，物理概念的抽象归纳，语文课的分析等。感悟和理解推导过程是一个投入思维、感悟方法的过程，这有助于理解、记忆结论，也有助于提高分析问题和运用知识的能力。

还有，很多同学可能都没有意识到，上课时，老师常有针对性地介绍学习方法，或者把方法融入于讲解、归纳、演绎、分析、综合、解题之中，潜移默化地“授人以法”。对我们来说，一定要有意识地捕捉这些解题、分析教材、记笔记、总结、系统归类、对比、演示、变式等技巧。这些内容对我们来说都是无价之宝，可惜有的同学却偏偏把它们都放弃了。应当在听课时把这些感受、收获记录下来，使自己既获得了知识，又得到了方法，这样才能有效地加深对知识的理解。

听听2016年上海高考理科状元李翰飞的经验总结吧：“我比较注重听课的效率，经常复习笔记。对知识点理解得深了，就能做到融会贯通。”

高效听课锦囊

也谈“题海战术”

许多人相信“题海战术”，以为做遍天下题，就能笃定地应付考试。其实，这样反而违背了学习知识的本意。学习的关键是理解，只要做到每一堂课真正掌握教师教授的内容，不欠账，就能学好功课。每堂课的45分钟都要集中全部注意力，高效率地听和思考，当堂就能理解并掌握所学的内容。回家后再做几道练习题，就忘不掉了。一旦碰上弄不懂的地方，必定要搞得一清二楚。所以，步步为营、不欠账是很重要的。尤其是数、理、化这三门课的系统性都很强，前面的知识不掌握，后面就听不懂、也学不好。

008 珍惜课堂讨论这一宝贵机会

有的同学认为，上课就是老师讲，学生听，把学习比做送货物进仓库，自己只要打开“仓门”等老师把货物装进去就行。这样的听课，是把自己放在被动的地位。

老师的讲解和指导为同学们的学习创造了前提条件。但老师的讲解和启发再好，如果同学们不积极参与，不主动消化和吸收，也是不能很好地完成课堂学习任务的。课堂学习和吃饭一样，别人是不能代替的。所以要上好课，必须积极参与课内的全部学习活动，不当旁观者。比如，积极参加课堂讨论就是主动学习的一个重要方面，能促使自己积极思考，加深对所学知识的理解。即使说错了，也能及时发现自己的缺点，并及时克服。

课堂讨论在同学中进行，不像面对老师，大家会等着老师拿出现成的答案。同班同学完全平等，大家不会有顾虑。在平等的气氛中畅所欲言，每个人潜在的聪明才智就容易释放出来。

课堂讨论能促使学生积极思考，加深学生对所学知识的理解。即使自己意见不对，也能及时发现自己的弱点，及时克服。讨论时因听取了各种意见，自己容易受到启发而产生新的创意。讨论还能锻炼个人的口头表达能力，提高辩论能力。

课堂讨论好处很多。同学们一定要珍惜讨论的机会，不做局外人，不闭关自守，而是自觉参与到小组讨论或全班讨论之中。

2016年吉林高考理科状元刘墨涵说：“认真思考老师提出的每一个问题，积极参加课堂讨论，这是我制胜的法宝。道理很简单，能否坚持下去以及对问题思考的深度决定了考生之间的差别。”

高效听课锦囊

两个注意

在课堂上，要做到积极地参与课堂讨论，以下这两个小问题不能不高度注意。

（1）我是否已掌握足够的知识去积极参加课堂讨论？

由于绝大多数老师都紧跟教材，所以一般情况下，都可预测出课堂讨论的内容。如果你没有胆量发言，就要事先猜测一两个你认为可能讨论的题目，并做好准备，这样会使你感到安全，能帮助你克服恐惧感。

（2）我是否有回答正面问题的好方法？

回答问题最好用肯定形式，而不是否定形式。切勿首先对自己的答案的正确性提出疑问，如一开始就说：“这样说不对吗？”或“书上不是说……”结果还没等你开始解释自己的观点，就令人怀疑了。

009 以我为主，只听对自己有用的信息

听课不过是接受信息的一种方式，所以善于听课者一定要以我为主，分辨什么对自己是有用信息，什么是无用信息。请注意：所谓有用信息、无用信息，固然有一个客观标准，但也有个人的主观标准。老师讲的一些事情，对学习好的同学来说，可能算不上什么有用信息，可对学习差的同学来说，或许就是有用信息，这都没有一定之规。

以“状元”身份考入北京大学的郝睿禧同学就是一位善于把握“以我为主”原则听课的同学。她说，当老师在讲课本或资料上的例题时，不妨时听时不听。那么，什么时候听，什么时候不听，这就有讲究了。中学生学理化时，老师肯定要讲课本或相关资料上的例题。她当时的做法是，听课时先老师一步，开始自己做例题（比如提前一道题）。一边做一边听老师讲课。如果老师的解题方法与己不同，就停下来听一听，并将老师的方法记在课本或资料的相关处。她说这样“时听时不听”，使得上课时始终保持紧张、兴奋的状态，不至于如其他同学一样，听着听着就烦了。

由郝睿禧同学的例子我们不难看出，“以我为主”是一种高效但实际做起来有些难度的听课方法。因为你必须做到：其一，能迅速判断什么是新的、有用的信息，什么是旧的、无用的信息；其二，始终保持紧张、兴奋的状态，因为你一方面在自己做题（且要保持一定速度），一方面要听老师讲课。

调节听课的情绪

郝睿禧同学这一方法的优点，是极大地调节了听课时的情绪，使得听课变成一种与老师的解题思路竞争、与时间赛跑的兴趣盎然的事情。不过，这种“时听时不听”的方法不适合于文科学习。语文、英语、历史、政治这些知识面广、知识点多、内容丰富而庞杂的科目，更需要在课堂上听老师讲授。也许老师一句简单的话带过去的，就是一个重要的知识点，所以切不能忽视听课。另外，理科复习越到综合阶段，越需要听课，因为综合题有好多巧妙的解法，老师会讲到它们。这种关键时期如果“时听时不听”，可就吃大亏了。

010 避免光听不看和不做课堂小结

许多同学在听课过程中，往往不自觉地表现出一些听课中的不足，不知不觉地陷入了听课的误区。实际上，不良的听课习惯，严重影响着听讲的效果，如果不认真克服纠正，日久天长必然会导致学习成绩平平。关于如何避免听课的误区，我们前面已经讲了很多，这里重点讲一下光听不看和不做课堂小结这两个问题。

1. **光听不看。**在听课过程中，常有些同学光听不看，台上老师讲，台下同学边听边做其他事情。更有些同学还认为：不就是听课吗，又不是看课，你讲我听就行了，何必老看着黑板呢？但听课不只是竖起耳朵听，这样的学习效果是有限的。

为了提高课堂授课效果，有些老师常用教具进行演示，或者以手势进行描述，这有助于加强同学们的记忆。如果听课不看黑板，或者只看黑板不看老师的动作和表情，老师的这一切辅助活动，对你来说就等于白做了。另外，听课不看黑板的同学，往往会把老师画龙点睛的板书漏过去，这对同学们加强对知识的理解和强化记忆，也没有好处。因此，听课时，一定要抬起头来，眼睛看着老师，和老师共同完成教学任务。

2. **注意课堂小结**。有些同学上完一节课认为就完成任务了，其实，及时进行课堂小结很重要，它能帮你尽快梳理这节课所学到的内容，加深对知识的理解。课堂小结一般从以下几个方面去进行。

第一，回顾一堂课从头至尾的过程。这节课主要内容是什么，老师开头是怎样引入的，中间是怎样推导分析的，最后是如何总结归纳的，都应弄清来龙去脉。

第二，合理评价老师的思路。在理清老师思路的基础上，思索老师用了哪些思维方式，思维过程是怎样的。

第三，概括本节课所学知识要点。同时要将它纳入自己头脑里已有的知识体系，以使自己的知识结构相互贯通。

·尖子生·
·对你说·

课后“黄金两分钟”

我的听课经验是，每次课后用两分钟将上节课的内容回忆一遍，这对巩固课堂知识非常重要。45分钟一个课时，随后休息10分钟，这就给我们课后及时回忆所学内容提供了时间和可能。但在现实中，大多数同学都没重视或忽视了这个环节。其实，每次课后只要用两分钟将所学内容回忆一遍就可及时了解自己对课程的掌握程度，回忆不出的可及时翻书或问老师和同学，这样就巩固了所学内容。所以切不可忽视“课后两分钟”，这两分钟被称为“黄金两分钟”，对提高单科学习效率非常有用。

——北京大学历史学系　胡昌梅

011 听讲题课要抓住的6个方面

现在的老师都爱讲习题，有时专门有习题讲评课。有些同学总是先入为主地认为习题讲评课没什么好听的，自己反正会做了，听不听无所谓，这样想就错了。其实，老师在讲评课上一般都不会为了讲评而讲评，而是通过讲评，一方面讲清该题的解题过程和方法，另一方面老师在讲评问题的过程中，还会进行适当的知识迁移和联想。只要有心，通过认真听老师的讲评课，从中可以学到许多知识和方法。一般来说，在上习题讲评课时，应注意以下6个方面。

1. **整理思路。**把老师讲的思路或你自己在听讲解过程中想到的思路归纳、整理出来，简要地写在笔记本上。

2. **回忆知识。**老师在讲评时提到的知识内容，看看自己能否及时回想出来。若不能，课后就要及时复习巩固。听课时，思路要跟着老师走，这样才能跟上老师的节奏，才能及时回忆知识。

3. **拓展思路。**听老师讲评时，自己要先想一想该题如何做，然后，看老师的解法和自己的解法是否相同，即想一想自己是否跟老师想到一块了。如果相同，则再想一想是否还有其他解题方式，或是否还可联想到其他的知识；若是不同，想一想自己的解法是否站得住脚。

4. **听老师讲分析过程。**听一听老师是怎样分析、怎样求解的。想一想自己为什么有时想不到，想一想老师分析时所依据的知识和原理。

5. **看并想老师板书的解题过程。**看老师是怎样写解题过程的，想想自己是否也能这样写，想想老师写的解题过程是不是有漏洞。

6. **分析习题答错的原因。**自己做题时答错的题目，课堂上要认真听老师是怎样讲解的，自己错在哪里，并及时加以更正。

2016年湖北高考理科状元梅知雨除了上课时跟着老师循序渐进地学习，对于做错的题，他专门备有一本错题集，会花很长时间反复研究一个问题，错一遍后不再错下次。

看来，在听讲题课的时候，不仅要听，思考一下做错的题也是很有必要的。

·高效·
·听课·
·锦囊·

不要在课堂上自行其是

对大多数同学而言，课堂上老师讲评习题时最好听老师讲，跟着老师的思路走，边听边思考，效果会更好。如果自己做自己的，课堂上的氛围将干扰你的思路，你将无法集中精力看你的内容，还要排除其他声音对你的影响。如此一来，你既没有听到老师所讲的内容，自己学习的效果往往也很差，这样自然是不划算的。

012 听“教科书派”老师的课要事先抓重点

所谓的“教科书派”老师，是指教师上课时讲解的内容基本上以教科书为主，同学们听起来可能感觉没什么新鲜内容。对于那些成绩较好的同学来说，可能是缺少一些提升性的内容；对于一般同学而言，老师按照教科书上的内容讲解有时候也会使自己不能达到很好的听课效果。为什么呢？因为我们在听课时完全按照教材的顺序，不容易分辨哪些内容更重要、哪些是附带内容等。

为了防止出现这种状况，你得事先下一番功夫好好预习，至少要搞清楚以下事项。

（1）这一堂课将学习什么内容?

（2）这一堂课的重点是什么?

有了这样的准备，即使再碰到“教科书派”的老师，哪怕他讲得天昏地暗，你也不怕了。你心里十分清楚哪些问题重要，哪些问题不重要。你只要把重要的内容记在笔记本上，做到一看笔记本就知道重点，那么，考试前就不必浪费时间，收到事半功倍的效果。

北京市翠微中学尖子生司伟同学就遇到过这样的老师，他说：

我们有一学期的历史老师特没劲，就知道照着课本讲，讲得大伙都快睡着了，听课效果特差。可越是这样的老师，越讲究课堂纪律，你稍一走神，就点你的名。后来，我想出了一个办法，来应对这位老师。

首先，前一天晚上认真预习，弄清这一节课的中心内容、基本框架；其次，以教导主任听课的心态来听课，一边听老师在照本宣科，一边在心中评判："这个重点没讲到。""这几句话，不过是把教科书上的话前后颠倒了一下。""这个观点讲得还不错。"这么一来，原来枯燥无味的听课过程就变得生动有趣起来，而且还容易跟上老师的思路。

2016年四川高考文科状元刘代蕾认为，除了上课时抓住重点认真听老师讲课外，课间可以做一些轻体力健脑动作，比如左右手交替按摩指尖等，这能帮助你在听下一堂课时提高注意力。

重视老师的教学心得

在听"教科书派"老师的课时，很多同学都认为老师讲的书上都有，就不注意听讲。其实，老师再怎么也是老师，尽管百分之八十以上是课本上的东西，但时不时也露出点自己的心得，比如这一部分某年高考考过，比如某个人物近年有不同的评价，等等。这些地方就需要做好记录。

013 听“教师用书派”老师的课要选好参考书

所谓的“教师用书派”，是指有的老师习惯于依据一本或几本教师备课参考书来授课。老师讲课的内容由于在教科书里找不到，于是很多同学上课时就忙着记笔记，教室里听不到一点学生提问或讨论的声音。虽然这样做连细节都记得清清楚楚，但是却往往抓不住重点。

听这种老师的课，有一个窍门，就是设法弄清老师秘而不宣的“教师用书”是哪里出版的。这可以借去老师办公室的机会，多多观察；也可由别的科的老师处迂回打探，因为此类教师用书，往往一发一套，各科老师都有。如果真的找到了老师所依据的教师用书，你会发现听课变成了一件无比轻松的事情，因为你基本没有记笔记的负担，教师用书上全有，而且往往还更详细。听课时只需记录参考书上没有的内容。参考书上有的内容，你就往上面画线做记号。这样就大大增加了课堂上自己消化、思考和吸收的时间，学习效率也会随之大大增加。

另外，你还可以自己去选择一些好的参考书，下面来介绍几条选择参考书的原则。

1. **新**。看到书后先要翻看第一版的时间，如果它是两三年前的则当机立断，立即放弃。参考书多如牛毛，找“新出炉”的还不容易？新书的题型都是新编或从旧书中依然典型或热门的题中摘录的，价值比旧书大得多。

2. **看编者**。最好是“名师”。现在许多书都冠以“名师导读”一类的标题，该老师是不是“名师”，不妨去问问自己的老师，请他帮忙出出主意。

·尖子生·
·对你说·

参考书应该怎么用？

一本好的参考书可以使你的知识系统化，脉络清晰，考点不再有遗漏的缺陷，而书中所选的例题、解题方法都很经典，可以举一反三。直接的效果就是能使解题能力显著提高。选择参考书一定得像看中医一样对症下药。高三初期一般是知识的系统复习，可以找些以归纳知识为主的参考书，掌握知识结构。这种书有一本足矣，课后辅以少量习题，便可达到学习目的。高三中后期重点变成了熟练掌握和综合运用，这时你可以买一两本习题集用于课余时间练习，这种书最好是做完一本再买一本，否则积了一堆未做的题，反而会带来心理负担。

——北京大学社会学系　张弈

014 听“脱轨派”老师的课要先详读课本

所谓的“脱轨派”老师，实际上又可分为两类：一类老师喜欢使用教材以外的材料，很少讲教科书上的内容，举的例题不知是从什么地方找来的，反正不讲课本上的例题，把课本抛在一边；第二类是追求课堂效果的老师，上课时他也许会一连说好几个笑话，逗得大伙笑声不断，很能调动大家的兴趣，但这种课往往下课后一看笔记，什么也没记下来。

听第一类老师的课，往往会感觉高度紧张，不知所措。对于这种老师的课，就要求你在课前充分熟悉教材，到了课堂上当老师讲到其他内容时，你才能很顺利地把课本知识和课堂知识结合起来，融会贯通。

听第二类老师的课，你根本不会感到无聊，课堂里总是笑声不断，可是有的同学在下课之后却发现脑子里一片空白，似乎什么也没记住。之所以出现这种情况，是因为你轻易地被老师牵着鼻子走，没有养成“事先详读课本的习惯”。好在这种类型的老师讲课听起来总是趣味横生的，你就可以利用这一点，始终抢在前面，详细查阅各种有关资料，事先准备“重要事项一览表”之类的东西。听课的时候，即使老师讲得天马行空，你也能始终清醒地把握自己，明白自己该掌握些什么东西，不至于被老师牵着鼻子走而不知身在何处了。

养成了“先自己研究”的习惯，你就会对课本的内容有全盘的了解，于是，老师的话听起来不只是诙谐有趣，更是充满着知识的养分。出现了这种情况，你对那门学科会更加有兴趣，说不定它还会成为你最擅长最得意的学科呢。

河北2016年文科状元袁嘉玮就是这样认为的，他说，如果你做好预习，详细了解了课文内容，你会发现，老师再怎么天马行空，最终还是会落实到课本上。

·尖子生·
·对你说·

听课时要沙里淘金

我们班的英语老师，是个刚参加工作两年的大学毕业生。他讲课时，总是一上来就说几个笑话，逗得大家哈哈大笑，然后东拉西扯，正经的东西还没说几句呢，下课铃就响了。针对这样的老师，我想了一个往回“拽”、往回“拉”的听课办法。

这个办法的具体做法是，预习时将该课的知识点列成表，听课时，我一边听一边看我列的知识点表。讲到了，就划掉一项；没讲到，下课后去问老师，或者自己再认真看看。这么一来，总算是沙里淘金地能学到一点东西了。一节课不至于稀里糊涂地混过去。

——北京市阜成路中学　金静

015 听“念佛派”老师的课要多发问

我们常听到有的学生这样说：“那个老师的课，我怎么听都听不懂！”

从学生的角度来说，可能是老师讲得晦涩难懂。从老师的角度来说，老师可能就会叫苦连天：“我尽了全力讲课，可是那些学生呀简直就像‘对马念佛’，听不出个所以然来。”

这个现象大多出现在新学期开始的时候。学生对某门学科才刚接触，无论对学习内容还是学习方法都处在较为生疏的状态。老师才接手这个班的学生，还不太了解学生的程度，难免一时兴致所至，讲些超出学生理解能力的内容。出现这种格格不入、相互脱离和隔阂的情况，长此以往，学生的水准一定会大为下降。

有解决这种情况的办法吗？

办法就是师生之间架起一座“桥梁”，通过这座“桥梁”进行双方的沟通。

老师方面的工作就是做些测试。测试的目的不在于评分，而是了解学生的实际水准和对知识掌握的程度。

学生则应该“多发问”。上课的时间也好，课间休息也好，放学后也好，只要有不懂的地方，就不客气地大胆向老师请教。

这样，“念佛”就会变成很有魅力的“讲课”，而“马”也会变成聪明伶俐的“学生”了。

2016年河北高考文科状元袁嘉玮就是这样认为的，他说：“如果你做好预习，详细了解了课文内容，你会发现，老师再怎么天马行空，最终还是会落实到课本上。”

·优等生·
·经验谈·

记思路笔记

我们化学老师人挺好，也有学问，可就是表达能力太差。听他讲课简直就跟听老和尚念经一般。后来我想了个法子：记思路笔记。别说，这帖“药”还真对路。所谓记思路笔记，就是努力去听老师的思路，在记思路的大框架这一前提下，再记知识点。如以化学课中碳、硅这一单元为例，记下老师一节复习课的笔记：

· 碳族元素很重要，老师说高考时约占分值的10%；

· 主要题型有选择、填空、推断、实验等；

· 出题者的出题思路一般有四个：其一，概念；其二，将碳及其化合物作为出题考点；其三，将硅及其化合物作为出题考点；其四，以新型无机非金属材料作为出题考点，对此要特别注意。

如此来听课，会发现这位老师是有些“道道”的，要认真听讲，也是能学到东西的，如果是睡着了，岂不可惜？

——北京市月坛中学　樊芒

016 听“射手派”老师的课要改变笔记方式

所谓的“射手派”老师，就是上课时特爱提问，跟个射手似的，不知他下一箭会射向谁。有些性格内向的同学特怕上这种课。对付此类老师，一是要锻炼自己，不要怕当众讲话，讲错了也不要太放在心上；二是记笔记的方式也要改一改。

北京市圆明园中学的李欣同学，就遇到过这么一位“射手派”老师。这位同学写道：

我们数学老师上课时特爱提问，一节课下来，怎么着也得有十几个同学被提问，真不知这节课是他讲还是学生讲了。开始时我上他的课不太适应，觉得又紧张又学不到什么东西。后来慢慢摸索出一套听课方法：他不是爱提问吗？干脆就以“问题—回答”为线索来记笔记，下面就以我们数学老师讲的一节有关集合问题的复习课为例，说说我是怎么记笔记的：

问题一：什么叫集合？

马亮答：见课本××页。略。

问题二：集合高考考吗？

王丽答：每年必考，但分值不多。

问题三：都有什么题型？

班长答了4种：

（1）基本型，主要考基本概念、基本运算。

（2）综合型，通常将集合与不等式、三角函数、解析几何等相结合。

（3）计数型，指以集合为背景，求子集的个数、集合中元素的个数等。

（4）运用型，设题的情景与集合无关，但实际要用集合的知识来解。

老师表扬了班长，并补充了一种。

（5）开放型，答案是多样的、多层次的。近年高考出此类题多。如2000年上海春季高考题。

问题四：解集合题的方法有哪些？

孙勇答：定义法、列举法、性质法、韦恩图法、语言转换法等。

老师又补充了图表法、组合数公式法等。

请看，这么来记笔记，是不是就比较适合这种“射手派”老师了？

·高效·
·听课·
·锦囊·

善于自己总结听课方法

中学生的课程较多，接触到的老师也很多。老师们的讲课风格也多种多样，远不止这里介绍的这几种，每个学生都要学会总结方法，努力使自己适应各学科任课老师的方式和风格。只有适应了，才能将自己的学习兴趣和积极性调动起来，把这门课学好。

017 听课要“眼观三路，耳听一方”

有的同学以为上课时只要人进了教室，并且还做了课堂笔记，那就是参与课堂学习了。实际上这只是在外在形式上参与了课堂学习。少数同学在课堂上或神情飘忽、东张西望，或人虽端坐，却呆若木鸡，或做小动作、玩东西、讲话、传纸条，和邻座的同学挤眉弄眼、给老师或同学画肖像等，这些都是最典型的人在课堂而神不在课堂的现象。试想，这样的听课状态如何能实现学习的高效率?

因此，在上课时，同学们要带着新课要解决的主要问题和在课前自学中弄不懂的问题与词语，有目的地认真听讲。始终保持高度集中的注意力，认真观察，积极思维，力争当堂学习的内容当堂理解并巩固。要防止自己开“小差”，有一种解决方法，那就是努力使自己做到“眼观三路，耳听一方”。

所谓“眼观三路”，就是上课时应注意老师、板书，以及相关的实验、投影等。课堂上老师有时是导演，他要把自己对新知识的认识、理解传授给大家；有时又要当演员，老师的一举一动甚至某个面部表情都可能向我们暗示着某种知识。因此，上课时我们绝不能“目中无人”，尽量保证自己的目光始终注视老师，这是使自己注意力集中的好方法。此外，板书是老师精心设计的，一般来说，一堂课的新知识点、重点、难点都会在黑板上得到体现，因此要字字句句理解明白。随着科学技术的发展，现代教学手段不断地进入课堂，老师会给大家展示各种投影、录像、实验、模型等，我们都应该认真观察，加强对课堂知识的记忆和理解。

所谓“耳听一方”，就是将所有听力集中在老师讲课或同学们的发言上。因此要将其他一切杂音，如教室外的喧闹声、个别同学的窃窃私语声摈弃于耳外。只有“耳听一方”才能“心神一处”，才能跟上老师的讲课，积极思维。有选择地听出重点、疑点、难点，才能真正有所收获。

2016年北京高考理科状元周展平认为，如果碰到自己不喜欢的科目，可以在心里给自己一种积极的暗示，比如反复说“我最喜欢这门课了”等，来提高听课的兴趣。

·优等生·
·经验谈·

善用听课的间隙

在我们班上，会听课的同学都会利用老师讲解的间隙（如板书、停顿），迅速思考刚才所学知识的内在联系，以便当堂消化、吸收。

而有的同学上课时总是“耳听八方”，注意力不集中，经常走神，人在课堂，心却在课外，如此“耳听八方”，怎么能提高学习成绩呢？

——清华大学机械工程学院　王子今

018 怎样让你的大脑活跃起来

有很多同学反映：上课时老师讲的我都听了，为什么学习效果还那么差？最主要的原因就是这些同学上课时只是盲目地用耳朵在听，而没有让大脑来思考。所谓“学而不思则罔”，说的就是这种现象。

由此可见，在听课时仔细听讲活跃思维多么重要。那么，在课堂上如何让思维活跃起来呢？

（1）超前思考，比较听课。所谓超前思考，比较听课，即上课不仅要跟着老师的思路走，还要力争走在老师思路的前头。譬如，老师刚提出一个问题，就应主动去寻找答案，然后和老师的解答校对。自己想对了，老师再一讲，就记得更扎实了；想不出来，或和老师的解答不一样，再听老师的讲解，自己的理解也会更深刻。又如，老师讲了一种解题方法，自己还要想一想，有没有其他方法。这是提高课堂听讲效率的好方法。有不少同学通过这种方法，使自己思维的敏捷性、准确性、全面性有了很快提高，在短短的一两年之内，思考和解答问题的能力有了明显增强。

（2）从老师的讲解中舍弃那些非本质的表面材料，去粗取精，归纳出老师所讲内容的梗概，领会老师讲解的要点，并使这些内容与自己原有的知识结构融为一体。

（3）揣摩老师讲解的意图。弄清老师是在陈述一件事，还是在说明一种物；是在抒发某种感情，还是在发表某种议论；是在探讨某个问题，还是在提出某种疑问。

（4）体会老师在讲课过程中提出的有益的学习方法，并在适当的时候灵活运用它，以提高自己的学习效率。

唐博识是2016年内蒙古高考理科状元，他认为，要想让大脑活跃起来，听课的时候，要学会放松心情，只有自己不紧张了，脑子才能跟上老师的思维，越转越活。

·尖子生·
·对你说·

你为什么听课收效甚微？

同样是听一堂课，为什么有的同学收效甚微呢？主要原因就是他们没有把“听”和“思”结合起来。要知道，听课的含义远不止被动地听老师在说什么。我有一种方法可以帮你有意识地进行思考，即老师一边讲，你一边猜想他下面要说什么，这会促使你全身心地投入，积极地倾听和思考。因此，不要做一个被动的信息接受者，要充分调动自己的积极性，将自己的思维和老师的讲课过程紧密地联系起来，这样听课的效果才最好。

——陕西高考文科状元　柏青

019 听课就是与老师做好配合

同一个老师上的课，为什么有时候你能听得津津有味，而有时候你却听得枯燥乏味呢？事实上，你觉得听得好的那节课是因为你和老师配合得很好，你觉得听得不好的课一般是因为你和老师配合得不好。当然，老师讲得好坏也有一点关系，但配合得好坏完全取决于你自己。

一般来说，当你觉得听得好的时候是因为你将老师的授课内容较为充分地展开了，不但听到老师所说的话，而且根据老师所说的话想出老师想说但没有说出的话，你此时的心理活动与老师的心理活动产生了共鸣。换言之，你不但听到老师讲的话，而且还“听出”老师未直接讲出的内容。当你觉得听得不好的时候就是因为没有对老师的授课内容进行展开，甚至老师说了5句话，你只听到其中的1句。

要做到与老师配合好，以下这些问题一定要特别注意。

1. 上课时最好眼、耳、手、口、脑并用。上课时一动不动地坐在那里，大脑难免不开小差。克服开小差的好办法就是边看、边听、边思、边记，老师提问时要踊跃发言。发言不仅能锻炼自己的语言表达能力，还能锻炼自己的思维能力，提高自己的记忆力以及想象力。同时要注意聆听别人的发言。课堂上，老师提问往往是针对全体同学的，引导全体同学思考问题、解决问题。不能只看别人发言，认为别人发言与自己无关。当别人发言时，自己也应该积极思考老师提出的问题，掌握了还是未掌握。如果会了等于自己又重新记忆一次，如果不会则可以重新学习一次，使所学知识真正掌握。

2. 上课时要注意与老师进行目光交流。当你和老师进行积极的目光交流时，一方面，本人极容易维持集中的注意力，另一方面，老师也极容易从你的目光中“读”出你对问题的理解，以及你对问题的困惑。因而，目光交流的过程是师生相互了解、感知的过程，你与老师的目光交流将有助于你配合老师，取得良好的听课效果。

3. 要听懂重要细节。听讲时一定要听懂老师所讲的每一句话，弄懂老师对每个问题是怎样思考、分析、判断和处理的。越是细小的地方，就越能学习到更多的知识。

高效·听课·锦囊

预习的作用

听课时，要把自己在预习中的理解和老师讲解的相比较，看自己和老师有哪些相同点和不同点。通过这种比较，一能加深对课文的理解；二能加强自己的思考、认识与提高；三能发现自己在预习时的错误，以便下次改正。

020 上新课时要学会联系旧课

上新课时，每当老师提到一个和旧课有联系的问题，同学们要学会把上一节课涉及的知识点、方法、解题技巧及分析推理过程在大脑中重新过一遍，并对它进行提炼。这样不仅能帮助你对新课中知识的理解，还能使你对旧课知识掌握得更牢固。

1. 把上一节课所讲的概念、定义、定理、公理、法则、公式等基础知识在大脑中迅速地过一遍。如果上一节课讲的主要内容共有10个，而你现在只能想出其中的几个，那么说明什么问题呢？一方面，说明上一节课的听课效率不高，效果不好；另一方面，说明你课后没有投入一定的时间复习。此时要提醒自己：课后一定要复习，不能认为听完了，就算什么事情都过去了，一定要在自己一天的学习计划中留出一定的时间对当天的学习内容进行复习。这样做，你在上新课之前才能顺利地回忆起旧课的主要内容。

2. 把上一节课所涉及的解题方法、解题技巧在大脑中重新过一遍。解题方法、解题技巧属于基本技能，重新过一遍将起到强化、积累经验的作用，积累方法和技巧就是积累解题经验。但是，当你做到该步骤时，一定要做到下面的第三步，否则，即使你记住了方法，尤其是当方法积累得很多时，你可能就会出现拥有方法却不会用的现象。

3. 把上一节课解题过程中的分析推理过程在大脑中重新感悟、提炼一下。有的同学一定会认为，这样做是不是有点儿太多余了，其实一点也不多余。这样做将使你事半功倍，让你脱离题海，这是因为：这并不是简单地将原分析过程重新在大脑中再现一次，而是对原分析过程的浓缩和追加投入智慧，力争从原分析过程中感悟出其所遵循的潜在规律。再一次的提炼是将原分析过程中的理性部分转化为相应能力，形成相应意识，开发相应悟性的过程，而不是为了记住原分析的过程。从上一节课到这一节课，你虽然不一定能记住具体的题目，但是你一定要对做题时的推理过程烂熟于心。

在2015年重庆高考文科状元刘楠枫看来，上新课时不断联想旧课的知识点，相当于把过去的知识又重新复习了一遍，但是，学习方法还是要靠个人摸索，不是所有的人都适合用这种方法，如果你过去学的就不牢固，即便回想又能想到什么呢？

当堂疑难当堂解决

每堂课老师讲完后，迅速把当堂课文再阅读一遍，对听课中遇到的疑难问题，通过阅读课本进行认真思考。如果还是没有弄懂，就及时向老师请教，绝不能放过去，尽量做到当堂课的疑难问题当堂解决。

021 积极发言，将被动听课变为主动听课

在课堂上，老师提问和学生回答是双方交流信息的主要形式。老师提问的出发点有两个：一是调动学生思考的积极性；二是锻炼和提高学生的语言表达能力和大脑的快速反应能力，将被动听课转变为主动听课。

但是，有相当多的学生不喜欢回答问题，或者只是被动回答。这里面有两个方面的原因：第一，有些学生认为问题太简单而不屑于回答；第二，有些学生认为有这么多同学，不可能轮到自己回答。久而久之，这些学生养成了不喜欢发言的习惯。对于这类学生而言，下面的建议或许有用。

第一，上课专心听讲。如果思想开小差，连老师讲课的内容和所提的问题都不知道，更不用说对这个问题进行思考了。

第二，让大脑始终处于思考的运转状态。一旦听到老师的提问，应该迅速结合老师刚才所讲的内容进行思考。如果得出了自己的答案，不管准确与否，都应该举手示意。当然，有些同学即使得出了自己的答案，也不想举手要求回答，他们或自己不动声色或和其他同学讨论。其实这么做不如主动要求回答更有效。因为在课堂上，表达出自己的思想后，你会发现自己得到的不仅仅是老师对你答案正确与否的判断，更能从中发现自己的知识漏洞和思维盲区。

第三，认真听别人的发言。人是不可能保证不犯错误的。更何况，从错误中学习常常能使你加深对这一问题的印象。这里，建议大家每个人都做一件事情：如果你对某一问题没有思考出答案，或者没能站起来发言，那么在别人发言时你应该认真听那位同学的发言，倾听他的思路，判断他的对错，而不是像有些同学认为的那样："别人回答问题不关我的事。"

2016年浙江高考理科状元张振宇认为，当你被动地把老师讲的东西往肚子里装的时候，你很清楚，什么是囫囵吞下去的，这时候，如果你提问，把肚子里不懂的东西摆出来，至少对你自己来说，那个囫囵吞下的东西消化了，你提高了。

·名师·
·关键·
·提示·

老师提问时正是思考的最佳时机

老师所提的问题，往往是相关知识的重点、难点或同学容易出错的地方。由于老师的提问正是锻炼自己、促进自己思考的最好时机，所以这个时候就要开动脑筋，快速思考，踊跃发言。回答正确，是对自己掌握知识的肯定；回答错误，自己存在的问题暴露出来也更有利于及时纠正。当别的同学发言时，也要注意听取，边听边分析，对的地方积极吸取，不够完善的地方随时准备补充纠正。

——甘肃省优秀教师　康孝云

022 课堂回答问题有技巧

课堂上回答问题是对自己所学知识掌握程度的一种检验，它可以考查你的听课效果、临场发挥能力、思维的缜密程度，以及面对问题是否有足够的自信和勇气，等等。但是，在课堂上回答问题还要掌握一些技巧。

1. **题意要审清。**无论老师提出的问题是简单还是复杂，都要认真地审清题意，这样才能把问题回答准确。有的同学课堂上答题不准确，常常不是由于对知识的理解存在问题，而是由于没有审清老师所提问题的题意。在审清题意的基础上，经过认真思考，确定回答的要点，这样才能做到答题时完整而准确。如果不愿做深入的思考，满足于一知半解，随便想想就开口回答，难免回答不到点子上，或者丢三落四、说不全面。

2. **表达要清楚。**表达要清楚的具体要求如下。

（1）准确、完整。回答问题时，要答到点子上，用词要准确，判断推理要合乎逻辑，语言表达要清楚完整。努力做到不带口头语、不说病句、不令人费解、不遗漏、不重复。

（2）说话连贯、口齿清晰。回答问题时，要前后连贯，有条理，咬字清楚，使人听得明白。不东拉西扯、不颠三倒四、不前后矛盾。

（3）声音洪亮、胆壮气足。回答问题时，要把表达的内容，通过一个个字、一个个词、一句句话清晰而响亮地传送出去。有的同学回答问题时信心不足，怕回答错，所以不敢大胆回答问题，声音很小，像“蚊子叫”似的，使人无法听清他在说什么，这必然影响意思的表达。

只要你能做到以上这些，就会在回答问题上获得成就感，也会慢慢养成积极回答问题的好习惯，你的学习成绩也会随之不断进步。

名师细节指点

不同题型的不同回答形式

在课堂上，回答不同类型的提问要采用不同的回答形式。如简答题，用简洁明了的三言两语回答即可；分析题，就要作具体的分析、阐述；描述题，回答时还要力求生动、形象；实验题，先要动手实验得到结果后再作回答；计算题，条理性要强，并要重视推理；证明题，逻辑性要强，证明过程的每一步理由要充分。

——广州市优秀教师　徐艳玮

023 听课要抓住关键内容

听课时你虽然不可能把老师所讲的每一句话都印在脑子里，但老师所讲的这节课的关键内容你一定要抓住。

2011年河南商丘高考理科状元李兴光说："我觉得平时上课要认真听讲，这是最基本的，当然也是我的诀窍。"说起上课认真听讲，实为老生常谈，可李兴光却这样解释："大家经常说上课认真听讲，说得容易，做起来就不那么容易了。有些同学上课注意力不集中，下课又慌张看书自学，这样就多花费了很多时间。"

一般来说，老师讲的都要听，但有时老师为了照顾不同层次的学生，采取不同的方式讲不同层次的内容，这时学生就要根据自己的实际情况有重点地听，即抓住对自己有重要意义的关键内容。

具体而言，听讲的关键内容主要有：

（1）基本概念，基本原理，基本关系式等；

（2）老师补充的重要内容；

（3）老师点出的学生最容易混淆和出错的地方；

（4）预习时未完全弄明白的学习内容。

也就是说，上课时要紧跟老师的思路，等老师讲到关键之处时，更要特别留心，紧抓不放。

2015年河南高考理科状元是祝乐，他在谈到听课的方法时说：“如果你不能保证专注，记忆力也不好，那么，你就得多动脑子了，老师讲到重点时，会反复强调一下，抓住这个时间，也就抓住了一堂课的精髓。”

·高效·
·听课·
·锦囊·

学会适应不同的老师

不同的老师有不同的授课风格：有的口若悬河，但照本宣科；有的语言幽默，但好像无轨电车；有的逻辑严密，但语言缺乏艺术；有的讲得不多，但提问很有启发性……面对不同风格的授课老师，有些你能适应、喜欢；有些你可能不适应、不喜欢。遇到自己最初不适应、不喜欢的老师，千万不要没完没了地埋怨、指责，那只能破坏你自己的听课情绪，使你对那门学科越来越提不起兴趣。反过来，你应该千方百计地适应老师，这样既能提高你的学业成绩，又能增强你容人的能力。

024 课堂是听与思的结合

不少同学存在这样的疑惑：上课时老师讲什么我就听什么，该听的内容我都听了，但是为什么听课效率却很低呢？其实，最主要的原因是这部分同学没有把听与思结合起来，导致听课效率不高。

2010年辽宁鞍山中考状元郭阳一直是班上出类拔萃的学生，但是出人意料的是，他也曾在听课问题上摔过跟头。他说："刚从小学升入初中，我有点不适应。拿听课来说，在小学时，老师上课讲什么我们就听什么，听一听、背一背就可以考高分。不过在升入初中后，这种被动听课的方法就不见效了。当时，我的学习成绩下降了不少，学习积极性也差多了。但是后来，我琢磨出了自己的一套听课方法，那就是，老师一边讲，我就一边猜老师要说什么，这样，在猜的过程中我就全身心地投入到听课中去了，而且还能有意识地进行思考，听课效果自然不用说了。"

那么，还有什么好方法可以帮助大家做到听与思相结合呢？在一线任教多年的孟老师给大家提供了这样的一个方法——填表听课法。比如，在学习《济南的冬天》一文时，孟老师要求同学们先列出一张表格：

作者简介	文中所用的拟人手法	中心思想及感情	用自己的话描述济南的冬天

这是一张一目了然的听课表格，同学们可以做到一边听课一边思考。比如：当老师对作者进行简介时，我们可以思考一下老舍的其他作品，他在文坛上的地位是怎样的；当老师提到拟人手法时，我们可以想一想文中的哪些地方用到了这一手法，有什么作用，文中其他的修辞手法还有哪些；当老师要求总结课文时，我们可以联系到作者写这篇文章的时代背景和个人经历。这样一来，概括出来的中心思想以及所抒发的感情相对来说就要饱满得多了。经过一番思考，再根据自己的总结把相关内容填入表格，这时，我们就会发现，其实，一边听课一边思考并不困难，有了这种方法，我们一定可以听好课。

高效听课锦囊

追本溯源，锻炼思考能力

学习中最怕的是一知半解。我们在上课听讲时遇到一个结论或者结果时，不要仅满足于自己知道就行了，还应该有意识地去想一想为什么会这样，得出这个结果的依据是什么，还有没有其他可能。学习过程中我们要尽可能地对知识进行多方面的探究。在探究和思考的过程中，不仅对知识的理解加深了，同时，自己的思考能力也得到了锻炼和提高。

025 听课流程也需要安排

虽然听课时不能忽视开头和结尾，但是，这并不是说同学们在课堂的中间时段就可以走马观花。恰恰相反，中间时段是十分关键的。所以我们需要学会安排听课流程，中间时段要高度专注，起始和结尾时段用轻松的心态去听讲，使我们的记忆做到“张弛有度，从容高效”。

45分钟的听课流程可以大体分成三个时间段：

1. **起始时段**。此时段一般是七八分钟。老师一般会复习上节课的主要内容，为本节课做知识准备。在这个时段内，同学们应跟随老师的思路，明确老师的教学目的，从而顺利进入下一流程。

2. **高潮时段**。本时段一般25~30分钟。老师将从知识的“点”开始，点→线→面地阐述和讲解本节课的主要内容、疑难之处。这时，同学们应当以最佳的状态理解与记忆老师所讲解的内容。

3. **收尾时段**。本时段约为10分钟。这时老师一般会对本节课的内容进行总结，对下一堂课做一些铺垫和引导，并布置一些课后作业。

同学们还可以根据不同科目、不同老师的讲课特点，自己总结出有效的听课流程。这些学习秘诀，将会使你的学习变得轻松、有效！

第二章

做好课堂笔记
——用最少的时间消化课堂知识

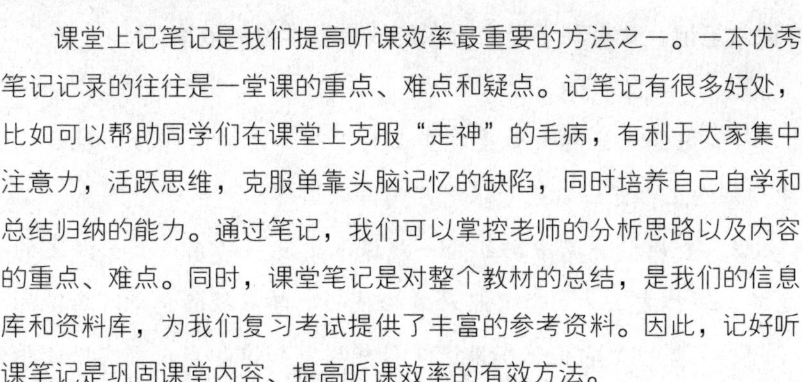

课堂上记笔记是我们提高听课效率最重要的方法之一。一本优秀笔记记录的往往是一堂课的重点、难点和疑点。记笔记有很多好处，比如可以帮助同学们在课堂上克服“走神”的毛病，有利于大家集中注意力，活跃思维，克服单靠头脑记忆的缺陷，同时培养自己自学和总结归纳的能力。通过笔记，我们可以掌控老师的分析思路以及内容的重点、难点。同时，课堂笔记是对整个教材的总结，是我们的信息库和资料库，为我们复习考试提供了丰富的参考资料。因此，记好听课笔记是巩固课堂内容、提高听课效率的有效方法。

026 笔记是听课的一个关键部分

在平时的教学中我们不难发现，有的学生上课注意力不集中，老是走神，不能紧跟老师的讲课思路；有的学生上课专心听讲，注意力很集中，老师讲的东西都听懂了，可是一到课后好多东西又都忘记了。如果能适当地做好课堂笔记，就有利于提高听课的效果和学习的效率。

（1）记笔记能够使学生在听课时保持一定的紧张度，把注意力集中到课堂上，保证自己紧跟老师的讲课思路。

（2）老师在讲课中讲到的一些课本上没有的东西，如课文的中心思想、写作方法、解题思路和方法技巧、学习经验总结、典型的事例（题例）等，把它们记下来，不仅能增加知识积累，更有助于总结提高自己的学习方法。

（3）通过记课堂笔记，能将课本上丰富、复杂的学习内容提纲挈领地串联起来，不仅能帮助学生理解、巩固课本知识，还有利于促进学生整理自己的学习思路，更好地复习总结，掌握学习内容。

（4）一份好的课堂笔记，是高度浓缩的课堂知识精华，可以让学生在记笔记的过程中将课本内容读薄，减少了机械记忆量，易于记忆和掌握。

由此可见，做笔记就是听课的一个组成部分，而且是关键部分。做课堂笔记是课堂学习的好方法，它可以帮助学生全面系统地掌握知识，为课后复习巩固做好准备。记课堂笔记还可以帮助学生集中注意力，聚精会神地听好课。实践证明，一些成绩优秀的学生都有记笔记的习惯。

“好记性不如烂笔头，”2016年宁夏高考文科状元田润卉说，“把老师讲的重点、难点记下来，课后的复习就会更有针对性，不会眉毛胡子一把抓了。”

高效听课锦囊

笔记一定要自己记

有些学生认为，反正老师讲的是同一内容，其他人记了，我就不用记了，下课去抄就行了。这是给自己的懒惰找借口。上面提过，笔记可以加深对老师讲课内容的理解并增加注意力，如果不记笔记，上课的效率就会大大降低。况且，由于不同的人对同一问题的不同理解，记笔记的角度和方法也都不同，所以笔记的内容也会不同。试想，你拿着这样的笔记，如何能提高学习成绩呢？

027 听课与记笔记的关系一定要处理好

记笔记很重要，但是在课堂上同学们要处理好听讲与记笔记的关系。有的同学一上课就拼命地记，恨不能把老师的每一句话都一字不漏地记下来，大脑和手始终处于机械而紧张的“录制”语音符号之中，一堂课下来很累。可是合上笔记本想想老师究竟讲了些什么，脑子里又是空空的，只好再花大量时间去看笔记。结果是，“上课记笔记，下课看笔记，考试背笔记”，造成了学习上的被动。也有的同学上课时只是专心听讲，不做课堂笔记，这样做的结果，也影响了学习效率。那么，怎样才算记得恰当呢?

在老师讲课的时候，作为学生，主要是听。可以说，认认真真地听懂老师讲述的内容是学生上课的唯一目的，记好课堂笔记，恰恰是为了实现这样的目的而进行的。听记并重是不对的；一味埋头记笔记，把自己当成录音机更是本末倒置。这么说，是不是可以不记笔记了呢？那也不是。会听课的同学往往是一边听讲，一边思考，紧紧跟着老师的思路步步深入，随时把一些重要的论据、论点和分析方法用自己的话记下来。凡有教科书的课程，笔记可以简单扼要些，书上有的，一般都不必记。要把主要精力放在分析、理解上。

也就是说，在课堂上，同学们要用90%的注意力集中听讲，并积极动脑思考，只用10%的注意力做简要的笔记。这种笔记不是对教师原话的记录，而是经过自己思考后的语言。这样做，学生不仅能全部掌握所学知识，而且还会有创造性的发现。

总之，记笔记以不能影响听课、思考、理解为前提。有些同学认为，不管懂不懂，先记下来，等课后再慢慢思考理解、消化吸收。一旦有了这种想法，上课脑筋不大动，拼命记笔记；下课笔记好几页，问题一大堆。再想把问题一个个弄懂，时间和精力又不允许了，最后势必影响学习效果。

“关于课堂笔记，我告诫大家的只有一点，”2016年湖北高考文科状元曹洁怡说，“千万不要抄错，如果你记的笔记是错的，那么接下来看笔记所花的功夫就都白搭了。”

·尖子生·
·对你说·

以听为主

经过反复实践，我摸索到正确处理听、记关系的方法，这就是：听和记，以听为主，记服从于听。在认真听的基础上，抓住重点和难点，有选择地记，把听和记有机地结合起来，做到听得完全，记得精炼。

——北京铁路二中　刘若男

028 课堂笔记到底要记什么

课堂笔记要记什么？这是同学们记好笔记的最基本也是最关键的问题。有些同学就是没有搞明白这个问题，一堂课下来，洋洋洒洒记了不少，但哪些是重点却懵懵懂懂，使课堂笔记失去了它应有的作用。一般来说，课堂笔记要着重记下面这些内容。

（1）记下老师的讲课提纲（或板书内容），包括讲课内容的重点、难点，知识结构和相互关系，要力求准确。数学、物理、化学课上要记住老师对概念的解释，知识点的联系、区别和应用，教材某些内容的归纳总结，解题的思路和方法技巧。语文课要记住课文的时代背景、写作特点及一些关键的词语。外语课则应记住词汇的各种用法和区别等。

（2）记下老师讲课中有启发性的观点及典型事例。老师反复强调的重要问题、容易搞错的地方，在分析问题过程中老师在黑板上画的图形、表格、文字说明、关键词语、有说服力的数据，以及老师独到的见解，一定要尽量记录下来。

（3）记下个人的学习心得。在听讲过程中自己对解决某个问题有启发意义的思考，产生的思想火花，不同的解题思路和方法，特别是最简便易行的解题办法。还要简要记住还没有听懂的问题，以便课后把它弄清楚。

（4）记住课文的大小标题，尽量压缩文字，记住重要词语。听讲过程中在课本上随时用自己熟知的不同符号、彩笔，标示出重点、难点知识，锁定学习目标，引起课后复习的重视，达到掌握重点的目的。

高效听课锦囊

捕捉课堂有用信息

在课堂上，要善于捕捉对自己有用的信息。这些信息中既有知识性的，也有学习方法的。老师在讲课时，经常有比较清晰的分析、画龙点睛的描述，讲到比较重要、关键、本质的地方，往往要重复几句，这时你就应该把有用的话及时记录下来。老师有时讲解就像演员，我们也应该进入角色，在老师临场发挥下抓住时机，把受到启发的地方记录下来，以便课后复习时回味。在课堂上，老师的提问或引导大家的讨论以及同学们的发言，往往也会有独到之处，或者提供一些理解问题的方法、途径，或者是一些容易出错的知识点，此时也应该记录下来，以便借鉴。

029 课堂笔记应该怎么记

在记课堂笔记时，同学们不光要知道记哪些内容，还要学会怎样将课堂笔记记好，让它对学习产生更高效的作用。下面就介绍几种技巧方法，希望能对你有所帮助。

（1）要认清老师的讲课格式。老师讲课都遵照自己一定的组织格式，你要认准这个格式。这样才容易摸清老师讲课的思路与方法，也才能提高你的听课效率。

（2）常见字和一些常常出现的术语可用缩写形式，这能给你更多听和写的时间。但是，必须是自己比较熟悉的方式。

（3）用记号（如星号、箭头、三角号或在字下面画线，以及三线重叠等）来标出老师所强调的地方。

（4）对于线索要机警、灵活。老师常常会说，“你们以后会明白这一点”，或者“这是很重要的”，或者“这是个常见错误”。此外，用星号或其他符号将这种线索或重要的话语记下。要注意听这些列举性质的话，“下面是这一过程中的四个步骤”，以及“最后”“因此”“还有”，因为这样的词可能告诉你后面要讲的重要内容。要注意其他的转折词、短语或句子，它们可能表示一个主要思想已讲述完毕，接下去要讲另外一个了。

（5）记下老师所举的每一个例子。这些例子常常能说明抽象的思想，所以要用特别的记号标出来。

（6）在老师讲课即将结束时，你要保持讲课开始时那种集中的注意力，不要因为快要结束了便放松了注意力。因为老师讲课的速度并不一定总是很精确地计算好的，他们可能不得不把一半内容塞在最后5分钟或者10分钟内。你要尽快地把这些紧挤在一起的结尾记录下来。如果需要的话，下课后，你还可以在座位上多留几分钟，尽量将你所能记住的东西都写下来。

·名师·
·细节·
·指点·

把握做笔记的时机

做笔记的前提，就是不能影响听讲和思考，这就要求学生做笔记时把握好时机。做笔记的时机有三个：一个是老师在黑板上写字时，要抓紧时间抢记；二是老师讲授重点内容时，要挤时间速记、简记；三是下课后，要尽快抽时间去补记。

——湖北省高级教师　王敏

030 既要突出重点，也要及时补充

课堂笔记没有重点、眉毛胡子一把抓和下课后就将笔记扔在一边、不知道及时补充，这是现实中很多同学容易犯的两大错误，也是他们无法提高课堂效率的原因之一。同学们一定要注意这两个方面。具体来说，就是记课堂笔记时应做到下面两点。

1. **突出重点，简明扼要。**课堂笔记要“简略”“清楚”“提纲挈领”“留有空白”。做课堂笔记首先要记下主讲章节标题、副标题，要有抓住每讲主题和纲要的能力。还要学会选择笔记语句，利用短语、数字、图表、缩写或符号，以及自己习惯的三言两语，记下教师讲授的某章节中心思路及侧重点，这是很重要的思维锻炼，同时这样也可留下足够时间去进行思考。课堂笔记不要写得过密，也不必苛求整洁，但要稍微留出空白，行与行间要留有较宽空隙，这样便于课堂笔记的修改、补充和整理。

2. **集中精神，及时补充。**做课堂笔记的过程中，一定要以思维为中心，以理解为标准，进行知识转移为目的。做好课堂笔记的关键则在于理解了的情况下，用自己的语言将教师讲授内容记录下来。当然，也会有两种例外情况：一是对听课时尚未完全理解的内容，也要按原样记下来，可以画上记号或标记，等课后核准、研究、补充，不然由于一两个地方而不能连续听课，误了其他内容，这也违反了记笔记的原意。一般说来，在课堂上百分之百的完全理解清楚再进行记录是不现实的。二是由于课堂上的时间比较紧迫，老师所讲的一些内容当时可能漏记，下课后，应尽快抽时间去补充。

2016年浙江高考文科状元王至纯认为，对于笔记，记下来是一方面，而更为重要的，是不时翻看，弄会弄懂，这才是记笔记的意义所在。

·优等生·
·经验谈·

笔记不是“录像带”

为了不使笔记成为“录像带”，必须把在课堂上听到的、看到的，通过大脑思考，进行初步的分拣：哪些该记，哪些不该记；哪些听懂了，哪些还没有听懂，或者似懂非懂，这些都要在笔记本上记上记号。这样既有利于提高听课质量，又有利于课后的复习。

——中国人民大学外国语学院　李姗姗

记课堂笔记要因“科”制宜

记课堂笔记要因科目而异，不能把一种笔记方法运用到所有的科目中。下面，我们就具体来谈谈不同的科目如何记笔记。

1. 语文

（1）记录老师对作家、作品及写作背景的介绍。同学可以只记录老师在板书上的文字。

（2）记录解词。初中老师往往把解词写在黑板上，或事先写在小黑板上，同学们可在课上或课下把这些抄写在笔记本上。高中教师往往只写词，不写解释。同学们则不仅要记录老师讲解的词语，而且要简明扼要地记下老师的解释。

（3）记录老师对作品结构、写作特点的介绍。这些内容很重要。教师的板书往往起到提纲挈领和突出重点的作用，学生应全部照抄在笔记上。

2. 数理化和生物

（1）记录书上没有的定理、定义、公式、法则或教师补充的其他提法、说法。书上有的，同学们可在听课的过程中，在教科书上画重点线。

（2）记录老师的解题步骤、提要、注意事项，解题的思路、技巧，以及有助于解题的其他问题。

（3）记录老师在黑板上演示的例题。书上有的，不必记。书上没有的，可分两种情形：一是同学们已经理解了的，不必记；二是理解得不好的，或者没有理解的，或记下例题，或记下疑难点，或把老师的讲解全部记下来，方便课后向老师请教。

3. 政史地

（1）记录老师的讲授提纲。讲授提纲往往都写在黑板上，应全部抄写下来。

（2）记录对理解课本起关键作用的词语。

·尖子生·
·对你说·

详记和略记

记课堂笔记要因科目而异。对于政治、语文、生物和部分化学课程来说，详记是最好的方法。这些课程的特点是：内容比较散，各部分之间的逻辑联系不很强，而且各部分内容的重要性比较平均，如果记录不完整，容易产生不连贯、不全面、不系统的现象。对于数学、物理、化学等其他课程来说，略记是最好的方法。这些课程的特点是：前后内容紧密联系、逻辑性强，公式方程等各种关系式较多，因而只要掌握关键内容即可，其余问题可由此推出，并迎刃而解。

——河北石家庄中考状元　孟繁烨

032 编提纲、写提要的记笔记方法

在记课堂笔记时，很多同学容易犯同一种错误，就是没有条理性，在本子上记得密密麻麻的，看似内容很丰富，但等回头要用的时候，却发现找不到头绪。好的笔记，让人一看就知道这一节课解决了哪几个问题，重点是什么，难点是什么。这就要求：记录内容一定要有条理，有层次，分段分条记录。不要将几个问题掺杂在一段文字中。因此，同学们要学会编提纲和写提要这两种记笔记的方法。

1. **编提纲**。老师讲课都有一定的条理。在讲解知识的时候，总要分成几个问题，一个一个地讲。一个大问题还可能分成几个小问题，有时一个小问题里又包括几个更小的问题。如语法知识，老师要分为名词、名词的特点、名词的种类等更小的问题来解释。听课的时候，要掌握住老师的这种条理，并根据老师讲课的条理编写提纲。如果老师已经铺好了提纲或部分提纲，那么，你抄录下来或补充一下就可以了。

2. **写提要**。上面谈的提纲还只是一些大标题和小标题。一般说来，老师对标题所做的解释和分析更为重要。因此，要把这些内容记下来，写在每个标题的后面。怎么记呢？当然不能把老师的话全记下来。这样做，既没必要，也不可能。这就要学会写提要。提要就是提出要点，也就是把老师讲课内容的基本精神和重要的地方，从老师讲课的全部内容中抽出来，并用自己的话作简明扼要的记录。例如，地理课要讲怎样看地图，其中要讲怎样辨识方向等具体问题。如果只记下这些标题显然是不行的。还必须把老师讲解辨识方向时提出的“上北、下南、左西、右东”记下来，才能真正掌握知识。如果再把老师讲解的“上北、下南、左西、右东”的原因也简要地记下来，那就会理解得更深入，记得更牢固。

名师关键提示

重要的三种记录

听完一节课后，同学们最好把自己听课的感想、收获、批评意见或与自己想法不一致的问题都记录下来。这三种记录很重要，它既能帮助整理听课时记录下来的内容，也能把零碎的看法、系统的见解、不同的思维方法等用随感录的形式书写出来。做这样的笔记，可以帮助同学们比较深刻地了解书的基本内容，锻炼同学们的分析、综合、概括和表达的能力。

——云南师范大学附中优秀教师　陈兴华

033 利用符号和缩写记笔记

笔记通常都是只给自己看的，因而可以随意使用任何符号或速记办法，大大加快记录速度。对于已经（或反复）出现的概念、术语和常用语，可以用自己特定的符号来替代。例如。有些人喜欢用“wt”来代表“问题”这两个字，别人可能看不懂这些符号，但是只要自己明白就可以了。比较常用的符号包括：

eg. —— 例如

cf. —— 比较

nb —— 这点最为重要

∵ —— 因为

∴ —— 所以

→ —— 推出

etc. —— 等等

另外，自己还可利用各种缩写。比如政治中的“马克思主义”，笔记可简称为“马义”，历史书上的各种长的人名、地名也可在笔记上只用一个字代替等。

还有一种方法，就是尽量多运用标点法做笔记，即用各种符号突出重点，使之一目了然。这时，一定要注意所标符号的系统性：

1. **符号上的简单明了。**我们一定要化繁为简，创立简洁的符号体系。比如要背的地方可写一个“B”，要借鉴、应用的地方可写一个“Y”等，这样，一旦以后见到相应的符号，就能很快知道所标记的部分是什么意思，促进理解。

2. **复习时易于检查。**标号要求简单醒目，意义明确，在不影响理解的基础上，尽可能减少符号总数，基本符号要相对稳定。初学者可以先用少量几种符号，随着理解能力的加强和符号的熟练掌握程度，再逐步增加符号数目。比如，下面这些内容一般用重点符号：书中的主要论述，作者的主要观点，对定义、观点等的重要说明，重要的论述或需要注意的表述，关键词句，需要认真考虑或理解的地方，对其观点、论据或逻辑的正确性存有疑问，等等。

·优等生·
·经验谈·

只用一套符号

在利用符号记笔记时需要注意的是，你只能使用一套自己的符号。如果你经常变换这些符号，在你自己面对这些符号时也会晕头转向。

——广东佛山中考状元　唐浩然

034 找到最理想的笔记形式

现在多数学生不知道笔记的形式，他们往往听到哪儿就记到哪儿，要么三言两语，要么密密麻麻，对课后复习、考前复习较为不利，使笔记失去应有的效用。听课笔记在笔记中难度最大，因为预习笔记、复习笔记主要是通过阅读过程中的视觉获得信息，而听课笔记主要是通过听觉获得信息。听课中信息的传播处于流动状态，老师通过语言表达的信息稍纵即逝，即使重复表达某一信息，但声音消失信息也就不存在了。老师精心设计的板书，也会因黑板面积有限而时常更换。因而掌握正确的笔记形式，及时地捕捉、准确地记录信息，是课堂笔记的主要任务。

一般来说，笔记可分为正页、副页两部分。正页是指笔记本页面中左面的大半页。在每页的右方，可用笔画一竖道，竖道的左侧部分用来记上课的内容，为笔记的主体部分，右侧为副页。正页约占页面的2／3，副页占1／3。

副页所写的内容应当与正页内容相关。具体来说有以下几点。

（1）预习时发现自己掌握得不太好的知识。

（2）预习时的体会或发现的问题。

（3）听讲和看书时悟出的体会。

（4）易出现的错误和易混淆的概念。

（5）从参考书上摘录下来的相关精彩内容。

（6）补充一些教科书或老师讲课中不足的内容等。

2016年四川高考文科状元刘代蕾认为，笔记的形式不管是列表还是画图，能以最快的速度把老师讲的重点记下来就是好的。不要记得潦草得自己认不出，也不要写得密密麻麻得自己都不想看。

·尖子生·
·对你说·

我的笔记本

我的物理、化学笔记均只用笔记本的右侧记课堂笔记，而且不只是将黑板上的东西抄下，连我认为讲的重要的话均速记下来；笔记本左侧则是我的个人总结，我将自己的理解、书上的关键、疑难、相关知识甚至例题均抄在左侧。在笔记本反面还有不时总结的专题，如物理的“参照系变化”“光学透镜”，化学的“配平方法”“有机物物理性质”，几乎每章均有几个小专题。代数我学得不好，特别是排列组合最糟。我一口气将从老师、同学处问来的方法全部归纳成条后，我的排列组合题再也没错过。

——清华大学信息科学技术学院　刘畅

035 课本上也可以做笔记

课堂笔记一般记在专门的笔记本或活页纸上。但是记在所学课文的知识点处、课文的天头地脚或字里行间，也不失为一种记课堂笔记的好方法。其优点有两条：

1. **简便**。记笔记在听课过程中进行，用专门的记录本或其他什么方法，做起来十分麻烦。老师讲到某处你又要再另外记下来，有时难以与老师的教学思路同行。而将该记的知识记在知识点处，或该页的天头地脚，则十分简便。譬如，在语文课题旁边记录老师所讲该文的背景、出处等，在作者姓名旁边记点作者的生平事迹，在一句话或一个词旁边记录其含义或词义，比其他方法就简便多了。

2. **实用**。做笔记的目的是实用，这种实用性表现在学习理解和复习运用中。往往有这种情况：有的知识在学习过程中或老师讲解时并未真正弄懂，有的是似懂非懂，有的是一知半解，有的懂了但不会运用。在今后的复习中如果又去翻记录、找笔记，既不方便，又难以对号入座。但如果我们将老师讲的内容记在课本的知识点附近或该页天头地脚处，复习起来就可以起到及时启示或解惑的作用，增强我们对知识的悟性。

因而，在课本上记笔记也不失为一种好方法。

至于你喜欢什么样的记录方式，则因人而异，只要对提高你的学习效率有帮助，不管你是在课本上记还是使用专门的笔记本，不管你是正规的书写还是潦草的书写，你自己喜欢而且有效就行。

·名师·细节·指点·

卡片笔记法

除了用专门的笔记本和在课本上记笔记之外，还有一种卡片式笔记也非常有效。就是把摘录的内容记在卡片上。与其他笔记相比，这种笔记的最大特点是灵活。有人称它是“活页”笔记，可合可分，可以随时调整排列。卡片根据不同内容可分为书目卡、论点卡、人物卡、名人名言卡、物品卡、信息卡等。记卡片是积累知识最简便、最有效的学习方法。卡片积累多了，就可以在大量资料的基础上进行分析、归纳分类、综合利用。《李自成》就是姚雪垠在积累了几十万张卡片后写成的。

——广州市优秀教师　武瑞恒

036 短小精练的摘录式笔记

在课堂上，老师传授的知识，有时只作提要或提纲式的记录是不够的，还需要摘录老师讲的某些原句、原话。摘录时，一方面要准确无误地记录关键内容，另一方面不能随便改动知识的结论。像历史课中的年代、人名，地理课中的方位、面积、人口等，属于第一种情况。像数学课中讲的定理、定律、公式，政治、语文等课程中的定义和基本规律等，属于第二种情况。这些内容都是不能够出错的，因此要迅速地把老师的原话记下来。这种摘录可以和提要写在一起。

摘录式笔记不仅在课堂上适用，在读书中也非常重要。读书中的摘录笔记就是把书上的要点照抄下来。这种笔记的内容是根据自己的需要因人而异，不尽相同的，或是文中的精彩片段，或是重要的公式、定理等。摘录笔记可分为如下三种：

1. 抄录式。主要是抄录书籍、报纸杂志、调查报告、文书档案等对自己学习有用的资料。摘录的内容不能改动任何文字和标点。有时需要摘录一段中的几句，前后和中间不需要的文字可以用省略号表示，但要注意切不可因此而断章取义。

2. **摘要式**。在读懂原文的基础上，按照书刊、文献原文顺序简明扼要地摘录其要点，也可以把书中一些主要的原理、论点、结构、重要实验结果和数据摘录下来。但在摘录时一定要吃透原文，深刻理解原文的基本内容，准确把握原文的精神实质。

3. **索引式**。只记录书刊名称、论文题目，不写具体内容。根据需要，按学科门类或资料主题编制各种篇目索引，以便查找。

·高效·
·听课·
·锦囊·

剪辑笔记法

这里提供一个很好的笔记方式——剪辑笔记，也叫剪贴笔记，就是根据自己的爱好和需要，把资料从报纸、杂志上剪下来贴在剪辑本上。剪辑既要勤快又要细心，剪下来的资料要注明出处，如某报某月某日第几版等，以便核对。此法虽然简单，但剪辑要讲究道德，只能限于自己的报纸、杂志，绝不能到图书馆和阅览室给书刊“开天窗”，也不能在私人借阅的书刊上剪取。

037 方便灵活的图表式笔记

图表式笔记就是将所学过的科目知识，按纵横顺序绘制成图表系统，突出直观性和概括性，便于记忆和掌握。图表中的项目彼此形成鲜明的对比，容易使我们理清知识的纵横关系，一目了然。

图表笔记的优点是简明扼要，脉络分明，它能使你在很短的时间里掌握一定知识，特别是在比较中加深你对知识的系统理解。实际上，绘制图表的过程本身就是对所学知识加以整理、贯通的系统化过程，对于掌握基本概念和原理、弄清概念之间的关系具有重要的意义。

美国康奈尔大学的研究者曾总结出一种有效的笔记方法，取名为康奈尔笔记法。这种笔记方法就是一种图表式笔记，几乎适用于做一切学科的课堂笔记。

该笔记分为主栏、回忆栏、思考栏三大块。样式如下图：

课程名称：	教师：
章　　节：	
听课时间：	
回忆栏：	主栏：
思考栏：	

其具体方法如下：

1. **记录**。在听课过程中，将教师的讲授与板书内容，记在主栏里。

2. **简化**。下课之后，及时简化主栏内容，以摘要形式将听课笔记整理概括出来，提纲挈领地写在回忆栏里。

3. **背诵**。把主栏遮住，只用回忆栏的摘记作暗示，用自己理解的语言复述上课内容，然后敞开主栏，对照检查。

4. **思考**。在思考栏中，记下自己的学习心得和体会。

5. **复习**。每周花10分钟左右的时间快速复习笔记，主要看回忆栏，适当看主栏。

这种笔记方式，不仅方便上课记录，而且便于下课整理、记忆和复习。

·高效·
·听课·
·锦囊·

留下足够的空间

图表式笔记要求选用比较大的活页纸，以便有足够的空间来记笔记、写例子、画图解。每张活页纸只能写一面，为的是方便整理、装订、修改、增删和不断插入讲义、作业等。

038 整理过的笔记才是好笔记

不管笔记做得详细还是简略、整齐还是潦草、正确还是错误，课后都要进行课堂笔记的整理工作，这是巩固记忆、加深理解、积累资料、提高理解能力不可缺少的重要环节。现在的中学阶段课程内容多，一般遗忘速度是先快后慢。因此，课堂笔记要及时进行复习和整理，同时还要分章节段落地复习和整理。

整理课堂笔记是很重要的学习方法，也是一个训练思维和练习文笔的良好机会。一般说来，整理笔记的主要目的是：对课堂笔记的核实、补充，以及简化符号的复原；检查重要语句、名言、公式、定理、概念的完整性；清理课堂未听清未听懂的内容，最后达到概念明确，逻辑清晰，结论正确，重点、难点得到巩固，疑点获得解决。

对高年级同学应该有高一些的要求，借助阅读教科书、工具书等，使课堂笔记更加系统、完整和充实。更重要的是由于问题的启示，学习的深入，可以在某个或某些问题上产生自己的新见解、新观点，这样可使笔记内容的范围得到逐步扩大，笔记内容的质量逐步提高。当整理课堂笔记达到一定的广度和深度时，可以产生很多联想，甚至可以出现一些带有创见性的构思。

课堂笔记整理的低标准是将课堂讲授内容系统地吸收，高标准是将他人的知识和自己的知识有机地融合起来，成为自己知识的一部分，进而产生自己的见解和成果。很多学者、作家的论文或专著都是通过笔记逐步整理完成的。因此，课堂笔记整理工作是一个从低到高，从简单到独创逐步发展提高的过程。课堂笔记整理的本身带有很大的独创性，不要拘泥于某一规格和模式，要不断创新。

2016年四川高考理科状元谢畅是这样讲述课堂笔记的大功用的：“每到考试前，我都会把笔记再翻一遍，那感觉像把整本书又看了一遍一样，太爽了。而且笔记增加了我的信心，它对我来说，简直太重要了。”

·优等生·
·经验谈·

记课堂笔记的方法是多种多样的，但无论怎么记笔记，我们都应努力使笔记达到一定的效果。例如：记录的章节内容层次清晰，语言简练，公式数据准确；边记边想边提出问题，使笔记内容具有启发性；从笔记中不断发现和寻找线索，用以指明解题的方法和方向。

——南开大学附中　李岩

039 加工、整理笔记的四项原则

在近年来的中考、高考试题中，传统的难题不断减少，需要系统运用知识联系解决新情境问题的试题不断出现，学生只有对所学知识进行加工总结，建立有序化的知识结构，才能不断提高这类问题的解析能力。通过加工整理学习笔记，对所学知识进行归纳、记忆和分析，使之达到知识信息有序化，是重要的学习途径之一。

同学们在加工整理学习笔记时应注意坚持四项原则：

1. **立足教材。**以各科课程标准为纲，以课本为本，严禁丢开课本。

2. **立足“双基”。**基础知识和基本技能是学科学习的基础，又是能力培养的前提条件，必须严格要求，认真落实。

3. **立足全面。**中学生的学习是为以后的学习打下牢固的知识基础，要通过整理学习笔记全面掌握教材。

4. **立足能力培养。**通过加工整理学习笔记，指导培养学生形成自学、理解、分析、判断、综合运用课本知识的能力。

可能有的同学会觉得，整理笔记要花费很多时间。是的，开始时是要在整理笔记上花费相当多的时间。但是，慢慢地就会摸索到一些很好的办法。比如，课堂上的笔记要尽量写得清楚有条理，做到层次分明，并在笔记本中留出稍宽的行距，这样，课后的整理只是做一些调整和补充，花费的时间就不会太多了。

·尖子生·
·对你说·

花时间整理笔记很值得

课后整理笔记，有人不赞成这样做。但我却认为这是做好笔记的一个重要环节，这样做的学习效果比多看几遍书要好得多。因为教科书较厚，以后复习时要抓住重点比较困难，而根据自己掌握知识的实际情况整理出来的笔记，突出了内容的重点、难点。虽然整理笔记要花去一定的时间，但是整理好的笔记更适合自己阅读、复习。同时，整理笔记的过程也是自己进一步消化、理解课堂上所学知识的过程。因此，花这个时间是值得的。

——上海外国语学院　钟伟民

040 整理笔记的具体方法与要求

课堂笔记一般比较杂乱，课后应及时结合复习，进行学习总结，加工整理学习笔记。可以按照以下方法和要求进行：

1. **回忆听课内容，及时补充完善知识。**课后抓紧时间，对照课本、课堂笔记及时回忆听课的有关信息，记不起来的地方可借用其他同学的笔记，把缺漏的地方尽快补充起来，形成尽可能完整的学习提纲。仔细审阅课堂笔记，对错字、错句及记述中错误的内容进行修改，对没有听懂的疑难问题及时弄清弄懂，使学习笔记具有准确性和完整性。

2. **总结学习内容，理清知识思路。**结合课堂笔记熟读课本内容，对有联系的知识点进行排列，形成知识线条。对相关的知识进行整理，列成图表，使零乱庞杂的知识尽量有序化。对意义截然不同但容易混淆的、有联系但意义不同的、在研究方法或形式上有相似之处最易引起混淆的知识点，要列表比较，把它们彻底搞清楚。总结作文的类型和写法，总结试题的类型和解题方法，多总结一些典型题例，特别注意一题多解或一解多题现象，从中总结出思路和方法。

3. 整理学习笔记，形成自己的复习资料。一个单元或一章的学习完成后，课后及时阅读复习，进一步消化理解教材内容，系统总结这一章（或一单元）最基本最重要的知识，按照老师讲课的提纲或课本上的目录顺序整理，用统一的序号对笔记内容进行排列，使它条理化、有序化。理科教材要依照每章内容后的小结或内容摘要，把内容稍微扩开。这样，整理出来的笔记，具有相对的系统性和完整性，突出了重点和难点，清晰而有条理，又是经过自己的劳动整理而成，带有自己的特点和学习爱好，更适合于自己阅读复习。一本好的学习笔记，就是一部浓缩、精炼的学科信息，通过这种办法把课本先读"薄"后用"厚"，减少机械记忆量，有利于深化和记忆知识。

高效听课锦囊

记录自己的薄弱环节

笔记是给自己看的，整理时，就要根据自己的情况，对薄弱环节和感受深的地方，多记一点，记详细一点。比如说，解题技巧较差，就不妨常常记下一些典型的例题，注明解题的思路和方法等。在听课，和同学交谈或看书的时候，发现有更简捷的解题办法，也应把它记到笔记中。

041 整理课堂笔记六步法

很多尖子生学习的经验之一就是，不光要会记笔记，而且还要善于整理笔记，使笔记便于复习时使用，以发挥笔记的最大效能。

由于种种原因，同学们在课堂上所做的笔记，往往比较杂乱，课后觉得不好用。为了巩固学习效果，积累复习资料，确有必要学会整理课堂上做的笔记，使之成为清晰、有条理、好用的参考材料。这里介绍一套“整理课堂笔记六步法”，很有实用价值。

1. 记。“趁热打铁”，课后即抓紧时间，对照书本、笔记，及时回忆有关的信息。实在回忆不起来的，可以借同学的笔记参看。这是整理笔记的重要前提，为笔记提供了“可整性”。

2. 补。课堂上所做的笔记，因为是要跟着老师讲课的速度进行，一般的讲课速度要较记录速度快，于是笔记就会出现缺漏、跳跃、省略、简洁甚至符号代文字等情况。在忆的基础上，及时做修补，使笔记有“完整性”。

3. 改。仔细审阅笔记，对错字、错句及其他不够确切的地方进行修改。其中，特别要注意与解答课后练习、与学习目的有关的内容的修改，使笔记有“准确性”。

4. **编**。用统一的序号，对笔记内容进行提纲式的、逻辑性的排列，注明号码，梳理好整理笔记的先后顺序，使笔记有“条理性”。

5. **分**。以文字（最好用红笔）或符号、代号等划分笔记内容的类别。例如，哪些是字词类，哪些是作家与作品类，哪些课文是分析类，哪些是问题质疑、探讨类，哪些是课后练习题解答，等等。为分类摘抄做好准备，使笔记有“系统性”。

6. **舍**。省略无关紧要的笔记内容，使笔记有“简明性”。

·高效·
·听课·
·锦囊·

整理后怎么办

经过这六步整理完笔记后，我们可以将同类的知识抄在同一本本子里，或一本本子的同一部分里，也可以用卡片的形式分类抄录。这样纲目清晰，我们在日后复习和使用时就很方便，能按需索取，快捷好用。

042 好笔记要有好的编辑技巧

要想使笔记本变得高效、易用，那么它就必须是相当全面和具体的，应该把各项需要掌握的内容包罗起来。以数学一科的笔记为例，它应该包括基本概念的理解；一些公式和定理的推导过程；课堂例题和练习的演算步骤；老师总结的重点及一些注意事项；课后练习及标准答案等几方面的内容。但是，有的同学在记笔记时，是有什么记什么，不知取舍，不懂得分类、归纳，记得乱七八糟，这对提高学习效率毫无助益。所以，还应该学一些编辑的技巧。只有经过编辑，才能使笔记条理化、系统化，用起来才有效率。

1. 编辑笔记的技巧

（1）使用二分法。把笔记本分成上、下两段，或是左右两边。像这样分割成两个或是更多区域，可以把各种知识归结分类。

（2）尽量把同一项内容记录在同一页码或是相邻的页码里，这样在用到的时候就会非常方便。

（3）笔记本上的内容要尽量记得形象具体一些，除了文字以外，还可以和相关的表格、图形结合起来。这样可以加深理解，增强记忆。

2. 做目录和索引的技巧

笔记本要做到综合性强，那么怎样才能更好更充分地利用这样的笔记本呢？做目录和索引是十分有必要的。

在做这样的笔记的时候，首先要在笔记本的每页标上页码，前面要留出几页空白，以留作目录用。

索引可以分成几大类，比如“重要公式集”“重要概念集”“语法天地”“佳句摘录”之类，根据学科的不同，列出不同的项目，这样学习起来会更方便。

一个笔记本用完以后，可以用其他的纸张写下需设的目录和索引，折叠后贴上去。这样编制目录和索引的笔记，条理清晰，易于翻看，相信对学习定会有很大的帮助。

·优等生·
·经验谈·

买笔记本有讲究

一个笔记本最好是能用相对比较长的时间。因为不断更换笔记本会造成知识的分散，在学习和复习的时候都深感不便。所以，我们在选购笔记本时最好选择开本较大、页数较多的。而且为了长久地保存，还要选择纸质较好的。

——北京大学生命科学学院　吴博

043 沙里淘金筛选笔记内容

笔记除了需要整理以外，还需要筛选，把重中之重挑出来，从而能够让你在复习中抓住重点知识。对待笔记也可以像淘金那样，把沙子淘干净了，剩下的就是最有价值的。

下面我们就介绍一些筛选笔记内容的方法：

1. **把笔记温习一下。**别忽略了温习笔记。没有“温故”，何来“知新”？在温习过程中，对照课文，回忆老师的讲解，多问几个为什么，这样能起到巩固作用。

2. **校对答案。**在回答问题以后，要对照笔记，校对答案。答得顺利且正确的内容可以作为“米屑”处理；而对一些答得较困难或答不上来的问题，那就把它列为“米粒”，打上记号，将“米粒”整理出来。当然对在听课时打上重要记号的地方也不可忽视。

3. **“筛”出重点中的重点。**“筛”出重点中的重点即对于老师上课特别强调的内容，或自己还很难理解的地方，打上不同的记号，以便引起重视，更好地复习。

另外，对课堂上所记的混乱部分，最好重新整理、归纳，这也是加深理解和强化记忆的一个重要环节。

据2016年贵州高考理科状元潘丹阳说，开始他的笔记很厚，后来，越看越薄，到最后，基本都能当押题用了。这就是用笔记沙里淘金筛选重点的典型例子。

·尖子生·
·对你说·

筛选笔记就是复习

每天或是经过一段时间后，要翻看笔记，将重要的和非重要的内容筛选出来，并要持之以恒。经“筛选”掉的笔记，可略去不看或觉得需要时再看，对“筛”出的重点内容就要多花时间去复习。要细读、细看、细想，多问几个为什么。尤其是重点中的重点，更不可走马观花似的浏览一遍，一定要做到“心到”，不用心，读一千遍、一万遍也无济于事。

有些同学认为这种方法很费功夫，还不如多读几遍。其实不然。在“筛选”笔记的过程中，其实就已经开始复习了，而且“筛选”笔记时思想很集中，所以复习效果也就更好。

——湖北高考文科状元　康静

044 坚持做难题笔记与错题笔记

一般来说，学生最害怕的事就是考试时碰到不会做题和做错题的情况。不会做题可能是因为觉得试题陌生或太难而无从下手；做错题是本该做对但因种种原因而做错了。要避免这两种情况，除了巩固书本基础知识外，平时要坚持做难题笔记和错题笔记。如果能养成坚持做难题笔记和错题笔记的习惯，并在做笔记时加以分析，使难题不难，错误不再重犯，这会明显提高考试时答题的正确率。

下面，我们就来看看如何做难题笔记和错题笔记：

1. **难题笔记。**准备一本专用记录本记下平时练习和各次考试时碰到的难题，并在难题旁注上关键难点、解题思路与方法，并列出该题若干种变化形式，举一反三。这是根据碰到难题的先后顺序从纵向做难题笔记。此外，还可以根据难题的性质从横向分别加以归类。学生审题后不能把当前习题归入知识系统中相同或相似类型之中，是造成无法解题的关键。同类型难题归在一起，见多识广了，才不致在考试解题时对不上号而无所适从。平时从纵向、横向两方面对碰到的所有难题进行分析归类并储存在脑子里，下次碰到相同或相似的题目就不觉得难了，考试时碰到新难题的可能性就不大了。

2. **错题笔记**。如果错误发生在审题环节，则应分析是遗漏了题目的要点或细节（因为有些题目是一题多问、一问多求甚至一求多法），还是看错了题；是没觉察出题中的隐蔽条件，还是未弄清条件和问题之间的关系；是看错了，还是没记住题意导致思维偏差或不完整。如果是题目归类错误，则要分析是否未找到该试题与脑中已有试题类型之间的联系。如果是没有把两者间的差异区别开来，则检查一下解决该题的有关知识有无掌握牢固，还有哪些漏洞，以便日后弥补和进一步巩固。如在求答上出错，则要分析是没有掌握解题技巧，是粗心，还是其他什么原因。

·高效·
·听课·
·锦囊·

错题笔记怎么做

避免错误重现最好的办法莫过于把错题记下，从中吸取教训。做错题笔记包括三个方面：

（1）记下错题是什么，最好用红笔画出。

（2）分析错误是在哪一环节上发生的，为什么会出现这一错误。

（3）根据错误原因分析提出纠正方法，并提醒自己下次碰到类似情况应注意些什么。

045 增强笔记的“视觉效果”

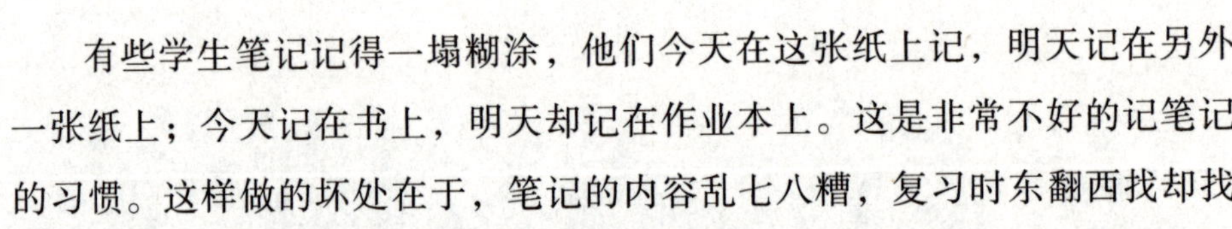

有些学生笔记记得一塌糊涂，他们今天在这张纸上记，明天记在另外一张纸上；今天记在书上，明天却记在作业本上。这是非常不好的记笔记的习惯。这样做的坏处在于，笔记的内容乱七八糟，复习时东翻西找却找不全。因此，同学们在记笔记时一定要注意方式，书写要规范。

1. **注意记笔记的方式。**课堂笔记一般分成三种情况来记：一是用自己的语言，把老师所讲授内容的重点记下来；二是对一些重要的经典原话，定义、公式、论点、论据、结论、概念、时间、地点等，必须准确照抄；三是对不懂的问题和疑点，也要原样记下来，课后好去研究、思考、查对和询问。

2. **提前准备笔记本。**每个学期的每门课程都应该有一个专门的笔记本。有些相似科目可以共用一个笔记本，但是应该明确区分内容，不能混杂在一起。如果你今天上课忘了带本科目的笔记本，可以记在另外的本子或纸上，但是课后应该马上重新抄到专用笔记本上。

3. **笔记本要多留空间。**不要吝惜纸张，笔记本中每页的上下左右，都要留适当空间，以便温习时加上自己的心得、疑问或者其他补充资料。此外，绘图要大而清楚，以增强笔记的“视觉效果”，便于温习。在空白处可记下以下内容：

（1）预习时发现自己过去掌握得不够好的知识。

（2）预习时所发现的疑问。

（3）听讲时悟出的体会。

（4）容易出现的错误或容易混淆的内容。

（5）补充书上或老师讲课中的不足等。

·高效·
·听课·
·锦囊·

第一次就要记正确

知识的第一印象很难改变。实验研究证明，一个学生在首次记录中发生错误，即使以后给他正确的信息，他也很难改正原来的错误。所以，做笔记时，资料一定要正确，比如抄板书时就要小心，不要错漏。此外，课后要尽快翻阅笔记，将不明白或不肯定的部分加上记号，并请教老师，及时补正。

046 避免两种记笔记的误区

有些听课时详细记笔记的同学，认为老师讲课的内容很重要，如果把老师讲课的主要内容一五一十都记下来，有助于课后复习。我们不否认，听课的时候需要记笔记，记笔记的目的主要是把老师点拨的关键语句或老师对课文内容重点、难点的阐述记下来，这对同学们课后复习，的确有好处。但是，如果听课记笔记过于详细就不好了，因为同学们听课的主要目的是完成学习任务，而不是做会议记录。因此，过于详细地记笔记，就会降低学习效率，这与我们记笔记的初衷是相违背的，甚至走到了反面。

在课堂上记笔记的时候，如果老师停下来，留给我们记笔记的时间，我们可以记多一些、记全一些。如果没有我们记笔记的时间，我们切不可追求什么多而全，以致影响了听课和思考。最好能采取关键词笔记法。所谓关键词笔记法，就是我们在老师讲课的时候，把老师讲的一些话，用一两个词概括性地记下来，使我们以后复习到这个地方看到这几个词的时候，能够把老师讲的知识再回忆出来。在这里，关键词实际上提供了一个回忆知识的线索。这样做既省时又不影响思考，还把一节课最需要记的东西给记了下来。

总之，要做好课堂笔记必须同时避免两种认识误区，一是“一切全要记”，二是“一切不用记”。前者是录音机式的课堂笔记方式；后者是取消课堂笔记的主张，特别是有教科书或参考书者更有此主张。这就从根本上否定了课堂笔记的作用，好像只要听好，同时翻阅参考书，或者在书上做做记号，简单写上几句就可以了。大多数人的实践证明，这种办法是取代不了课堂笔记的积极作用的，因此，不管有无参考书籍，课堂笔记都是应该要的。

·尖子生·
·对你说·

笔记自己看懂就可以

笔记是给自己看的，不像作业是给老师批阅的，需要认真、仔细、清晰。做笔记，基本上只要自己能看清、看懂就行了，这就是说，不要过分在意笔记的外在形式。大家应该都很清楚，精美的笔记本和漂亮的手法与优秀的学习成绩之间，并没有必然联系。一本能充分体现自己听课过程与心得的笔记，即便记得有些潦草，也能有效提高我们的学习成绩。

——湖北武汉中考状元　李维

047 课堂笔记要因科而异

笔记往往是一堂课的重点、难点和疑点。所以，老师课堂上的板书至关重要，它是对课本的提炼。记笔记有利于集中注意力、活跃思维、克服单靠大脑记忆的不足，同时还能培养学生的自学和总结归纳能力。

那么，针对不同学科，我们该如何有重点、有针对性地记笔记呢?

对于政治、语文、生物来说，要把课堂上讲的知识，尽可能全面地记下来。而对于数学、物理、化学来说，略记是最好的方法。例如，数学、物理、化学等学科中的一些概念和定理，书上都有，而且内容完整、语句严谨、科学性与逻辑性都很强，所以不必记，只需着重记老师对概念的解释，理解上要注意的地方以及解题的技巧等。

语文课主要记课文的时代背景、写作特点，某些词语的用法以及老师补充的有关内容。外语课则主要记词汇的各种用法和区别等。

总之，课堂笔记主要是记老师对于教材中重点、难点的分析阐述和对某些内容的归纳总结，以及老师的解题思路或者是老师的独到见解。特别是对于自己不理解的和老师的讲解与自己的理解不一致的地方，更需要记下来，以便课后研究比较。这样记笔记印象最深，收益最大。

第三章

分科听课技巧

——熟悉不同科目的听课模式

在中学阶段，同学们要学习的科目很多，各学科的学习有一定的共同点，也有很多差异。这些不同学科的特点，在课堂上体现得最为明显——学习材料不同、老师的讲课方式不同，我们听课的方法也应该因“科”制宜，若不根据学科特点来听课，必然会影响到学习效果。比如在英语学习中，朗读习惯的培养对中学生来讲非常重要，可是因为考试不考朗读，相当一部分同学在老师课上领读时，并没有主动按老师的要求去做，这表明他们没有抓住英语学科的学习特点。理、化、生学科的学习要做一定数量的实验，如何通过观察实验或亲自做实验来深入领会教材的知识，掌握基本操作技能，这个特点值得我们每个中学生重视和思考。总之，只有根据各科的特点去听课、学习，才能有效提高学习成绩。

048 上好语文课要抓住三大前提

提起语文，大家并不陌生，都是从小学就开始学习语文，但仍有很多同学上不好语文课，老师讲课时全神贯注地听了，笔记也做得非常认真仔细，但就是无法全面掌握老师讲授的内容。究其原因，就在于没有把握好学习语文的几个关键问题。我们为大家总结了要上好语文课必须注意的三大前提，希望能给同学们学好语文带来切实有效的帮助。

1. **紧抓基础知识。**语文知识的特点明显表现为零星、分散，呈各自独立的无序化状态，因此掩盖了语文知识系统性、知识点紧密联系的内在特点，造成学生在学习中摸不清语文的系统性而盲目听课、被动做题的现象，以至于有些同学初中毕业都不知道语文学了些什么。凡是有机的系统性学科，基础是最重要的，语文也一样。要学好语文，必须从字、词、短语、句的基础知识抓起，否则，做题再多也未必见效。

2. **把读与写结合起来。**学习语文，必须把阅读、思考、写作相结合，才有高效率。一是阅读伴随写读书笔记，把书中最有价值的内容记下来，同时，把自己阅读中的新思考、新想法记下来；二是阅读、生活伴随写日记，记下自己阅读的体会、对生活的感悟；三是阅读、生活伴随文章的写作，以具体规范的形式表达自己的思想，逐渐形成自己的思想体系，形成自己的文章风格。这样长期下来，才能提高语文的听说读写能力。

3. **增强语感**。"语感"是听语文课的一个关键所在。平时对一种说法或一个句子的表达有没有问题作出判断的时候，主要靠的是语感，而不是对语法的分析。在语文测验中，很多同学都为概括中心思想而发愁，其实，只要你在老师上课读文章的过程中，用心去感受，就能很快总结出中心思想。例如，读朱自清的《背影》时，你就要全身心地投入去感受、去领悟，当家境衰败的时候，父亲还处处关照着孩子的一丝一毫。如此下来，你就深深地体会到了作者的写作目的，轻松地理解了文章的中心思想。

·名师·细节·指点·

中学语文的"听、说、读、写"

学习中学语文一般有以下几个方面的要求：

听，要耐心专注。听记叙文，要能够听清人和事；听说明文，要能够抓住事物的特征；听议论文，要能够听出作者的观点和理由。

说，要大胆，语言简明，连贯得体，观点鲜明。

读，要学会默读、朗读、精读、泛读的技巧，学会分析和欣赏课文。

写，要文字通顺，详略得当，想象丰富：写人和事，有真实感；写事物，要抓住特征，条理清楚；写观点，要有根有据，批倒对方。

——江西省语文高级教师　程林森

049 课前要先熟读课文

刚上中学的同学，可能对预习还不太习惯，即使有预习，能够按课文的预习提示思考一番的也不多。要是把这种习惯带入了中学，麻烦可就逐渐找上门了。比如，上课了，同学们的生字还没有查，老师就只好从头做起，先是领着同学们查字典，记生词，再就是读课文，分析中心思想、段落大意。老师讲了一节课，同学们也手忙脚乱像录音机一样地记了一节课。这种听课方式自然效果不会好。尤其对于语文课的文言文来说，如果课前不预习的话，听课时就会感觉老师讲的内容非常陌生，长此以往，对语文课的兴趣就会越来越低。可以说，会预习，上语文课是一种享受；不会预习，上语文课则是一种烦恼和痛苦。具体来说，语文课的预习有哪些要求呢？我们认为中学语文的预习可以采用前面一章中提到的标记预习法。标记预习法有四个要点：读、画、批、写。我们以初中语文的《这不是一颗流星》一课为例，谈谈如何在语文课的预习中运用这种方法。运用这种方法，一般要有“三读”：

第一次读，是朗读课文，从整体上了解一下本文的意思，并从中体验课文的整体感情色彩，其目的是通过朗读，产生喜爱这篇课文的感受。

第二次读，要在读之前，先看看课文的预习提示，把有关的难字难词查一查字典，然后在读的时候注意思考预习提示中提出的问题。对于这一课来讲，有两个问题：①孩子为什么念念不忘那熊皮手套呢？②作者为什么说孩子纯朴天真的念头绝不是一颗流星？然后，在有关能体现这些答案的地方画线。比如，“中断的思维被稚气的声音唤醒”“发出三天来第一个声音”“他吃力地伸过手来抓住孩子的小手”等句子能够反映第一个问题，可在下面画线。对于这些问题的思考实际上就是在试图抓住理解课文中心思想的关键。

第三次读，可以默读，重在思考，有两个任务：①找出课文中自己感到绝妙的地方，把自己的感想批注在相应的地方。②找出课文中有哪些词或句子难以理解，写在预习笔记本上。

可以看出，通过三读，我们完成了标记预习法中读画批写的任务。

·尖子生·
·对你说·

语文课预习的关键

语文课预习的关键是思考，思考文章背后的东西，不要只流于表面，流于浅层次的理解。如遇到百思不得其解的内容可上课认真听讲，认真讨论，也可向老师请教，千万不要担心问题的质量。

——北京大学经济学院　杨飞

050 把思考作为语文课的中心环节

通常，同学们认为听课就是老师上课讲什么，我们听什么、记什么。果真如此的话，我们人类的大脑与录音机又有什么差别？甚至从记忆的全面和详细程度来看，我们还不如录音机。但我们人类确实比录音机强，关键就在于人会思考、想象，是主动地吸收知识为我所用。这也正说明了上课时思考、想象的重要性。具体而言，语文课听讲，也要把思考作为听讲的中心环节。这里的思考，主要是指在听课时思考两种联系：

1. **预习时的不懂之处与老师讲课的联系。**也就是一边听课一边注意自己不懂的地方，老师是怎样引导我们思考解决的。学习是我们自己的学习，思考也是靠我们自己去思考，老师常常不会把答案正好给我们说出来，让我们记记就算了，而是引导我们动脑筋自己去解决。我们不能指望老师把难点往黑板上一写，我们一抄就了事。问题的解决，还是靠我们自己。其实，这也正是学习的乐趣所在。

2. **现在所学知识与以前所学知识的联系。**特别是汉语基础知识，比如多义词、同义词、反义词的词类知识，比喻等修辞知识，是一点一滴积累起来的，学习语文时要善于前后联系、归纳和比较，找出其规律性。比如，“系”字有哪些音呢？这一课中的“系”字与以前所学的“系”字有什么不同呢？坚持这样做下去，我们才能够达到对于语言的准确运用。

在上语文课时，除了思考，还要学会灵活运用。比如，老师在让我们议论和发表感想时，我们既要学会倾听别人的看法，更要主动、大胆地表达自己的看法和感想，这是语文课中提高自己的听说能力很重要的一步。再比如，老师让我们做的课堂练习，像造句、修辞比喻等，我们也要积极地去做。通过这些练习，知识就会逐渐变成我们自己的了，等我们写文章时，才可以运用自如。

“思考使我看问题更全面，对课文知识能做到透彻理解，”2016年安徽高考文科状元王成科说，“这样的习惯让我在写作文时也能写得更深刻。可以说是受益匪浅。”

·优等生·
·经验谈·

善用课堂时间

如果在课堂上老师给我们留有一些自习的时间，我们就可以通过反复诵读和回忆去记一些关键性的知识，甚至把课文中的优美段落背诵下来。当然，一般来讲课堂上不可能有太多的时间让我们来背诵，这就需要我们主要通过理解来达到对课堂知识的记忆。

——北京四中　李颖

051 用游戏的方式上语文课

有些同学偏科严重，对语文一点兴趣也没有，因此经常在语文课上做数学作业、看课外书等。日本教育学家多湖辉先生曾讲过，越是对一门功课不感兴趣，就越要加大游戏的成分。由此，如果对语文不感兴趣，那么不妨加大游戏的成分，让语文课变得“好玩”起来。有一位同学，谈了自己的做法。他说：我从小学时代开始就不喜欢语文。一上语文课，就想睡觉、感到倦怠，不知为什么，就是讨厌上语文课。后来，这位同学想到自己看漫画书时总是专心致志，甚至废寝忘食，他想：什么时候能如同看漫画书一样看语文书，问题不就解决了？

然而，怎么可能做到如同看漫画书一样看语文书呢？完全可能。大港油田四中的刘一玲老师，就通过发动同学们给语文课本配图，激发了大家学习语文的兴趣。她写道：“在辅导学生结合插图领会课文的教学过程中，我意外地发现，几乎凡是有插图的课文，学生的学习兴趣就格外浓厚，学习效果又明显得好。究其原因，这是学习课文时，学生自觉或不自觉地凭借插图中鲜明的艺术形象，深刻领悟出相关文字的丰富内涵，激起他们再造想象，增强了他们对课文的理解和兴趣。这说明，插图对辅助语文教学大有益处。于是，我大胆尝试，因势利导，让学生为没有插图的课文配画插图，辅助学生学好课文。”

这一方法有没有效果，不少人可能会半信半疑。其实，细想其中的道理，应该说这并不是偶然的：

首先，自绘课文配图的过程，实际上也就是深入钻研、理解课文的过程。因为你所画的是配图，换句话说，画的好坏，不仅取决于画的技巧，更取决于画的内容是否很好地反映了课文的主题。所以必然一而再、再而三地去阅读课文，一而再、再而三地咀嚼课文，揣摩形象，领会主题。创作课文配图的过程，就是与课文再三交流的过程，原本枯燥的阅读过程变成了“创作”过程。结果不知不觉中，对课文的熟悉程度和理解程度都上了一个档次。而平常的学习方法，要达到这样的效果，真是难上加难。

其次，青少年的记忆优势在于形象记忆。在回忆课文时，如有“配图”作为辅助，回忆起来会有很大的帮助。

·优等生·
·经验谈·

把爱好和学习结合起来

把阅读、绘画等业余爱好或特长与学习语文联系起来，可以激发我们学习语文的兴趣。我们还完全可以把对体育、对音乐、对旅游、对武侠小说的热爱，转化为对语文的热爱。只要我们积极地想办法，对语文没兴趣这个问题，一定会逐渐得到解决。

——浙江师范大学附中　程佳

052 听语文课要学会疑问与联想

在上语文课时，同学们不要满足于认真听讲、仔细记笔记，还要在听老师讲课的过程中学会疑问和联想。疑问听课法，即带着疑问听课。学贵有疑，小疑小进，大疑大进，从某种意义上讲，学习的过程实际上就是一个生疑到解疑的过程。在老师的课堂讲解中，一个个疑难问题的出现和解决会使学习步步深化，质疑能力也会一点点提高。

课堂上，老师讲得绘声绘色、津津有味，同学们听得聚精会神，并不时发出“嗯!嗯!”之声表示理解或赞同，这大概是老师很满意的课堂气氛，同学们也很得意的听讲效果吧。可是，这样一味地“嗯、啊”随声附和，并非一条十分有效的学习途径。同学们应该把“嗯”后面的“！”变为“？”，凡事喜欢探个究竟而不轻易说“我懂了”三个字。比如，语文课上，老师教大家“移就”这种修辞方法，解释说：“移就即是把本来只修饰某种事物的词临时移饰与它相关的事物。”还举了一个例子“怒发冲冠”，说明其中“怒”本是修饰人的，这里移来修饰与人相关的头发，这就叫“移就”。于是你就可以想：这里的“怒”是否可以不看作是“发”的修饰语，而看成被修饰的中心词，让“发上冲冠”作“怒”的补语呢？

即使是“愤怒的头发”，又是否可理解为拟人化的写法呢？

再比如初一语文《背影》这篇课文，文章第一部分的关键语句“最不能忘记的是父亲的背影”已经开宗明义，点明文章中的“背影”在作者的心灵上留下的印记很深。可在文章的第二部分，作者并没有紧锣密鼓地直接写“背影”，而是从祖母去世的那年冬天写起，用意是什么？听课时经过思考，知道原来这是为写“背影”渲染悲凉气氛，交代文章背景。

除了疑问之外，同学们还要学会联想。就是运用教材，由老师讲述的材料、事物的形象，经过思维加工联想到或形成新的事物。

例如，初一语文中《驿路梨花》一文，当读到课文第一句“山，好大的山啊！”联想到哀牢山拔地而起的形象，眼前逐步展现出群山相连、密林遍布的画面，自然而然进入了课文描写的境地，受到文中人物情绪的感染。

名师关键提示

尝试向名家挑战

众所周知，课本中名家之作很多，但名作中也有一些不合语法习惯、表意不明的句子，或者注释不准确的条文。倘若被“名家之作”吓破胆，便会禁锢自己的思维，扼制自身创新能力的发展。因此，我们应该敢于向名家发起挑战，敢于“吹毛求疵”，发现问题，通过讨论来辨明是非。

——广州市优秀语文教师　陈宏伟

053 好的阅读技巧让你的语文课更高效

在语文课上，老师经常会带着同学们朗读课文，或者让同学们自己品读课文，这就要求同学们必须练习阅读，掌握阅读技能，在阅读课文时运用自如。阅读的主要方法有：

1. **粗读课文**。粗读任务是在预习时完成的。粗读的首要任务是疏通文字，然后在此基础上感知课文，从整体上初步地把握课文结构。结合注释，根据上下文读两三遍，对课文内容应该能了解六七成了。粗读中要画出疑难词句，以备在课堂上提交讨论。

2. **细读课文**。细读课文一般在上课时由老师带领，它的主要任务是：读准字音，认清字形，准确停顿，把握节奏；要解决粗读中遇到的疑难问题，了解有关作家作品常识；从整体上把握文章的基本内容。具体做法是：

（1）根据教师范读或课文录音清楚准确地朗读课文。

（2）结合课文注释，了解有关作家作品常识。

（3）结合预习提示或自读提示从整体上了解课文。

（4）通过通读全文把握文章的基本内容和文体特征。

3. 品读课文。品读课文主要是老师在课堂上布置的阅读任务。它的主要任务是：就思想内容、章法结构、表现技法、艺术风格等方面对文章进行文学和美学的鉴赏性阅读。品读主要是通过诵读来表现的，诵读是感知课文的一种手段。朱自清说："吟诵，对于探究所得的，不仅能理智地了解，而且能亲切体会。不知不觉之间，内容和理法就化为自己的东西。"实践证明，诵读可以让学生领悟到文章丰富的内涵，体味到其韵外之致，得到言有尽而意无穷的美感。比较鉴赏阅读也是品读的重要方式之一。有比较才有鉴别，在比中学习，在比中思考，在比中理解。在学习《爱莲说》时，为了更好理解莲的形象，就可以引用李渔的《闲情寄趣芙蕖》，两文并读，易于理解。

·高效·
·听课·
·锦囊·

文言文的课外阅读

语文学习历来重视课外阅读，这是对的。但是，目前同学们的课外阅读，只把注意力放在现代文上，忽视了文言文的课外阅读。文言文的阅读训练，如果仅仅只在课堂上进行，那么文言文能力是很难有提高的；即使在课堂上把文言课文学懂了，形成了一定的能力，也是很容易退步的。因此，有必要加强文言文的课外阅读。

054 听好语文课的几个小诀窍

中学生学习的主要阵地是课堂，上好语文课对于同学们是十分重要的，这是学习阅读、写作知识，以及培养阅读、写作能力的主要途径。要想学好语文，必须要用积极、主动的态度上好语文课，还要注意掌握上课的诀窍。

1．提高语文课的效率。同学们也许都会有这种感觉：听数、理、化的课，精力比较集中，因为不听讲就不懂，落下的课补起来也很费劲；反之，听语文课，有时精力容易松散，因为不听讲似乎也能明白，落下几节课关系也不大。出现这种情况，和语文学科的特点有一定关系。从知识的系统性、连贯性来看，它的确不如理科严密。所以，我们更应该针对语文学科的特点，学会听讲，学会把握老师讲课的要点，学会利用课堂的空隙时间。譬如，学习《崇高的理想》这篇课文时，通过老师的讲解，已经理顺了全文的思路，把握住了分论点与总论点之间的关系。如果课上还有时间、还有精力，就可以精读一些重点段落。如本文在论述理想的社会性、阶级性时，既列举了历史上的许多正面人物，也列举了一些反面人物，两相对照。归类列举法和正反对比法运用得都比较好，我们就应该主动深入体会，加深理解。另外，这篇文章语言上也有特点，用了许多成语典故，我们也可以利用间隙，及时复习巩固。总之，凡是课内有时间、有可能解决的问题，都不要留到课外去解决。围绕着老师讲解的课文去生发、去联想、去加深、去巩固，努力提高课内时间的利用率。

2. **积极锻炼自己的语文运用能力。**能将学到的知识运用到实践中去，是学习语文的一条捷径。所以，在课内主动赢得学习语文知识和锻炼语文运用能力的各种机会就非常重要。提问、朗读、背诵、辩论、讲演、黑板前演示、作文评讲中的例子（无论是好的还是差的）等，只要有机会，就要积极参与，这对提高语文水平、特别是口头表达能力，是很有好处的。现在每个班的人数一般不会少于30人，所以平均到每人的机会是很少的。自己主动一些，这种锻炼的机会就可能多一点。

·高效·
·听课·
·锦囊·

熟悉自己的语文老师

语文课的教法，本来就灵活、多样。语文老师的讲课特点，更是各式各样的。有的老师喜欢讲得多一点，发挥得多一点；有的老师讲得不多，却很注重学生的练习；有的老师喜欢用串讲法；有的老师喜欢用评点法或者谈话法。有的老师很擅长指导学生写作；有的老师喜爱文学，很注意培养学生的赏析能力；有的老师知识渊博，讲起课来广征博引，海阔天空；有的老师则喜欢紧扣课文，一板一眼。总之，他们各有特点，各有所长，各有所短。作为学生，就要努力地熟悉自己的语文老师，努力适应他们不同的讲课特点，取其所长，努力掌握更多的语文知识。

055 课下要培养良好的语文学习习惯

在课堂上，同学们一般都很重视学习语文知识，培养语文能力，这是不错的。但是与此同时，还应注意课下培养良好的语文学习习惯，这能让你在上语文课的时候，学得更自如，效率更高。比如，如果你养成了爱读课外书的习惯，在课堂上你就会对老师讲的名家名篇有更深刻的认识；如果你养成读书时“眼到、手到、心到”的习惯，你就能在课堂上紧紧跟上老师的思路，而且可以提高分析问题、解决问题的能力；如果读课文养成了“三问”的习惯，久而久之，你就会提高审题、立意、选材、布局、写作技巧、语言运用等方面的能力。

良好的语文学习习惯包含着丰富的内容，那么作为中学生，要养成哪些良好的语文学习习惯呢？

1．**认真书写的习惯。**中学生写字时，执笔、坐姿、放本子、保持适度的距离等都要有良好的习惯，认真地一笔一画地把字写工整规范。

2．**留心观察的习惯。**作为中学生，要做生活的有心人，养成随时随地观察生活的习惯。这不仅是学好语文的需要，也是一种积极向上、热爱生活的表现。优秀的作家能写出感人的作品，这是他们留心观察生活的结果。中学生平时应注意观察生活，深入、细致、完整地感受生活，见微而知著，从表面微不足道的、人们习以为常甚至熟视无睹的现象中发现素材。

3. 读的习惯。读是语文学习中的重头戏。每天要抽出时间有计划地读书，要多读古今中外的文学名著，还要读一些哲学著作，如康德的“三大批判”、列宁的《哲学笔记》等。

4. 勤于动笔的习惯。要提高写作水平，必须坚持练笔，长期不懈，养成习惯。要主动地去观察生活、感受生活、思考生活，每天坚持写日记，写所见所闻所感，选择其中印象最深刻的，或叙事，或状物，或抒情。可以独立成篇，也可写片断，但要言之有物，写出真情实感。

除了上述几种习惯外，在学习的过程中，同学们还应该养成边学边思考的习惯、课后复习的习惯、质疑讨论的习惯、大声答问的习惯、自己留作业的习惯、整理错题的习惯以及筛选资料的习惯等。

·优等生·
·经验谈·

重视习惯好处多

习惯，顾名思义，就是某种行为“习”过多次而形成的一种惯式。因此，要培养良好的语文学习习惯，必须首先给自己立下规矩：什么时候做什么，该怎么做，然后一丝不苟坚持不懈地做下去，直至达到不用强迫自己、也不用别人提醒，到时就会不自觉地去做的效果。

——江苏省姜堰中学　雷鸣

056 预习是上好数学课的关键

学习数学也一定要养成预习的习惯。有很多同学没有意识到预习的重要性，认为数学学习的关键在于听课，预习不预习都无所谓。这种认识是错误的。课前预习是学好新课的前提，如果不搞好预习，上新课时就会心中无数，不得要领。还有一些同学预习仅是流于形式，草草看一遍，看不出问题和疑点。那么，怎样预习才会有成效呢？我们下面来具体谈谈预习数学的方法与技巧：

1. **读**。就是阅读课文，初步了解概念的含义、条件及结论，例题的分析等。

2. **画**。就是圈画知识要点，将基本概念、定理、注意事项等都圈画出来。

3. **想**。主要是思考本节要讲的新知识与哪些旧知识有关，并及时地进行复习；思考新概念的定义、内涵与外延；思考定理的条件及在此条件下所得的结论；思考例题的分析思路及解题方法。

4. **推**。就是亲自推导公式。数学课程中有大量的公式，有的有推导过程，有的没有。无论课本上有无推导过程，预习的时候都应当合上书亲自把公式推导一遍。书上有推导过程的，可把自己的推导过程和书上的相对照；书上没有推导过程的可在课堂上和老师推导的过程相对照，以便发现自己有没有推导错的地方。这样做能提高独立分析问题、解决问题的能力。

5. **批**。就是把预习时的体会、见解以及自己暂时不能理解的内容，批注在书的空白地方，带着这些问题去听课，会更有针对性、目的性。

6. **做**。就是尝试性地做一些课后练习题，用来检验自己预习的效果。然后想一想这样预习还有什么不足，应怎样调整和改进，将预习做得更好。

·名师·关键·提示·

预习不能代替听课

预习只是学习数学的一个环节，并不能代替听课。有些学生的预习工作做得比较好，把课后练习题，甚至作业题都统统地做完，然后就以为完成任务了，可以不去认真听课了。结果导致对知识理解得比较肤浅，做的题也是错误百出。其实，如果预习比较顺利，那么听课时就要对自己提出更高的要求，例如将老师的思路和自己的思路进行比较，找出自己的不足，进一步提高思维能力。

——贵州省数学优秀教师　王刚

057 数学课本也要认真阅读

在语文课上，同学们都很重视阅读课文，可是上数学课时，很多同学就不那么喜欢阅读课文了。他们认为听老师讲就行了，根本就不用再去阅读课文。

其实，数学教材是同学们获得数学知识的最直接、最基本而又最重要的工具。它不光提供了数学的基本知识和技能，同时也体现了数学的各种思维和研究方法，所以，在数学课上，同学们要随着老师的讲解认真阅读数学教材。阅读数学教材应该遵循以下几点做法：

第一，不要希望仅凭阅读一遍就能掌握教材的主要内容和教材提供给我们的一些思想方法，而是需要反复阅读几遍之后，才能达到初步掌握的程度。比如，我们在阅读根式这一节时，如果不是去仔细分析、认真研究，对根式的概念就不能达到透彻的理解，“有意义”指的是什么也就很含糊，根式与方根究竟有什么区别和联系更是弄不明白。由此可知，阅读数学教材时要注意“细”，在细读的同时还要反复阅读几次才行。

第二，在边读边思考的同时，还要手不离笔，必要时还要亲自推导一下课文中出现的公式或演练一下例题、习题，这叫作学思结合、手脑并用。比如学习公式法解一元二次方程一节，对于用此方法推导一元二次方程求根公式的过程，如果只是看一遍，而不是看几遍或亲自动手做一遍，就很难掌握它的推导过程及每一步应该注意的条件。

第三，在讲新课之前，先预习老师要讲的内容，把不懂的地方记录下来，这样带着问题去听老师讲课，就会收到很好的效果，也会感到老师的讲课很有趣味。假如没有课前阅读这个程序，光凭课堂上有限时间的听讲，怎么能真正理解用高度概括的精炼语言所表述的数学知识呢？更不用说是熟练掌握了。

最后说一下课后的阅读。一般来说有些重要章节的内容，在老师课堂上讲解之后，我们还应该再阅读一遍，这样对深刻理解教学内容、扫清做习题的障碍都有好处。阅读数学课文的过程，就是思考、理解与实践的过程，是取得数学好成绩的重要环节，不但不能忽视，反而要更加引起我们的注意。

名师细节指点

了解教材的编写特点

阅读数学教材时还要注意所用教材的结构和编写特点：书中是如何采用特殊的方法去突出重要观点的（如采用不同的字形、方框、底线等），对于习题的配置是按怎样的形式和顺序安排的。对于这些内容，有一定基础和时间充裕的同学都可以有所了解。

——上海市优秀数学教师　樊一民

058 听好数学课的四个要求

获取数学知识的主要途径是阅读教材和听老师讲课，而听讲又重于阅读。在很大意义上讲，听课质量的好坏，是决定学习优劣的关键。

怎样才能听好数学课呢？这要从以下的四个方面说起：

一是要精力集中，做到和老师讲课的思维同步。假如你的心理活动的指向不是老师所讲的内容，那么，对老师所讲的内容就会一无所知，对本节的重点难点问题就因没有听到或没有听好而不能理解，因而也就不会有好的学习效果。

二是要会听课。会听课就是善于抓住本节的重点。所谓重点，就是指知识本身的重点，还有依据已有知识掌握的多少、熟练程度等而确定的自己听课的重点。知识本身的重点，一般老师在讲课时都会用不同的方式体现出来：或者体现在提高声调加强语气上，或者体现在板书上，也可能体现在反复强调、提问、检查、练习上。重点内容一定要重点听。对于自己所确定的听课重点，一定要根据课堂的进程、知识的发展很好把握。

三是要有一个活跃的思维。听课不能只是被动地接受，而是应该积极地索取。在老师读题之前，就应快速地理清题意，迅速思考，尽快形成自己的思路，然后再认真听老师讲解或其他同学的解答。长此以往，就会使自己的思维能力得到很大的提高。假如课堂上不是积极动脑思考、动口回答或是动笔演练，只是消极被动地听讲，就只能起到一个装知识的口袋的作用。

四是要善于自我调节。听课是一项高度复杂的脑力劳动，积极动脑思考也确实能抓住听的主动权、培养自己思维的主动性，更能体会出解决问题的思路和方法。但是如果紧张有余而不能及时放松，就会精神疲倦，以致无法继续接受新知识，所以有张有弛、松紧有度的自我调节是很重要的。这样一张一弛地交替进行，很符合中学生的心理和生理特点，能始终保持旺盛的精力而长战不衰。这样我们不但做到了惜时如金，也做到了合理休息，因此取得数学好成绩、提高学习效果就会在这样的科学安排中得到体现。

·名师·细节·指点·

掌握数学语言

要想听好数学课，还必须掌握数学语言。数学语言是体现数学思想特征的专用语言，是构建数学宏大体系的材料。数学语言的基本特征是准确、精炼、严密。数学的字母化和符号化，和生活用语相比，显得更加简明、抽象。例如，大于5的数有无穷个，则可简明为 $x>5$。

——学习方法研究专家　尤佳

059 争取在课堂上真正理解数学概念

很多同学都有这样一种体验，在上课时，对数学定义、定理、公式、法则已经记得，似乎也理解了，可到做题时总是感到无从下手。出现这种现象的原因是没有在课堂上真正理解定义、定理、公式、法则的本质。我们知道，数学的定义、定理、公式、法则是数学知识体系的框架，是解题的基础，推理的依据。要真正理解其精髓，需要抓好学习中的三个环节：

1. 弄清知识的来龙去脉。在学习新的定义、定理、公式、法则时，弄清知识产生的实际背景和来龙去脉，对加深理解知识的本质和运用有着重要的意义。

例如，在学习不等式的第三条性质时，我们可以结合一些具体事例来分析。如对不等式3>2，-3<-2，3>-2，-3<2的两边分别乘以-2，得到不等式-6<-4，6>4，-6<4，6>-4。对这种情况进行前后比较、归纳，最后概括出不等式两边都乘以（或除以）同一个负数，不等号的方向改变，进而把这个性质表述为：若 $a>b$，$c<0$，则有 $ac<bc$ 或 $a/c<b/c$，这样就比较容易理解了。

2. 逐字、逐句、逐层地推敲文字的表述。数学语言精炼、抽象、严密。因此，我们学习定义、定理、法则时，必须完整、准确地理解其表述的内容，对其文字表述仔细地推敲。

例如，"垂线的性质定理"的表述可分三层意义来理解："经过一点"，应理解为没有附加限制的点，可以在已知直线外，也可在已知直线上；"有一条直线垂直于已知直线"，应理解为过这一点和已知直线垂直的直线总是存在的；"且只有一条直线垂直于已知直线"，应理解为上述存在的垂线是唯一的。经过这样逐层、逐句、逐字的推敲，就能比较透彻地理解所表述的文字。

3. 掌握本质特征，注意限制条件。理解数学表述，要注意去伪存真，抓住关键词句，找出本质，排除次要词句的干扰。另外，还要排除生活经验和标准图形的影响和束缚。

例如对"垂直""平行"概念的理解，有的同学只把"垂直向下"才视为垂直，把"水平"放置的两条直线才看成平行，这是生活经验的影响，我们在学习中应尽量自觉予以排除。

·尖子生·
·对你说·

知其所以然

在学习数学的时候，对于概念、公式、定理，要知其然更要知其所以然：它是如何推理出来的，可以用来证明什么，有什么例题，它与其他概念、公式、定理有何联系等。

——清华大学信息科学技术学院　张云

060 重视老师运用的数学思维方法

在数学课上，同学们对老师讲的概念、定理、例题等都非常重视，却往往容易忽略老师在讲课过程中所运用的数学思维方法。

数学思维方法也是重要的数学知识。重视数学思维方法的学习有利于掌握数学思维的规律，提高数学思维能力。归纳起来数学思维方法有三种：

1. **转化**。在有理数的运算中将减法转化为加法、除法转化为乘法，方程中的三元转化为二元、二元转化为一元等都是典型的转化的思维方法。应用转化的思维，首先要把握好化繁为简、化难为易、化未知为已知的转化的根本方向和基本原则；其次，要掌握好一些常用的具体转化方法，如“变形”“还原”“添辅助线”等。

2. **比较** 。比较是思维和理解的基础。在学习新知识时要习惯思考它是在哪些已有的知识基础上形成的。

比较分为类比和对比。类比是相同点的比较，对比是不同点的比较。例如，把列代数式与列算式进行类比时，可以借助列算式的方法来学习列代数式。这样就能做到以旧推新，有利于新知识的掌握。

3. **分类**。就是根据学习的需要，按照一定的原则对学习对象的划分。中学数学中的分类思想比比皆是，如有理数的分类、直线位置关系的分类等。要正确分类，应注意：按同一标准分类，不能遗漏，没有重复。如把有理数分为正有理数、负有理数，这就遗漏了既不是正有理数，也不是负有理数的有理数“0”。分类能帮助我们把复杂的材料或研究对象条理化、系统化，使我们形成简单的、高效率的思维方式。

2006年贵州高考文科状元黄厚瀚在谈数学学习方法时也说道：“在做一道题之前，我们要有数学思维的意识，不要一下子就落入常规的解题思路中，而是要用某一种数学思想来解决这道题。解完后或是看完一道题的例解，就要明确用了什么方法、什么数学思想，马上找类似的题加以巩固练习。”

·尖子生·
·对你说·

方法是无价之宝

很多同学可能都没有意识到，上课时，老师常有针对性地介绍学习方法，有时又寓学法于讲解、归纳、演绎、分析、综合、解题之中，潜移默化地“授人以法”。对我们来说，一定要有意识地捕捉这些解题、分析教材、记笔记、总结、系统归类、对比、演示、变式等技巧。这些内容对我们来说都是无价之宝。

——北京大学政府管理学院　孟宪秋

061 听数学课时要注意掌握“活知识”

这里说的“活知识”，是指数学知识形成的过程。老师在传授知识时绝不是单纯传授科学家们已获得的结论，而是结合科学家们怎样从生动的直观出发，通过概念、判断、推理等揭示事物内在规律的过程来传授科学原理的。但在听课中，有些同学往往记住了科学结论，而忽略了科学过程，这样学得的知识不过是僵死的教条。

勾股定理是谁都熟悉的，但勾股定理是怎样推导出来的？很多同学可能早忘到脑后去了。有的同学也许会用$\sin^2\alpha+\cos^2\alpha=1$去证明勾股定理，殊不知$\sin^2\alpha+\cos^2\alpha=1$正是从勾股定理中推导出来的。除此之外，能不能回忆起韦达定理、棣莫弗定理、欧拉公式是怎样推导出来的呢？其实不只是数学，别的科目也是如此。特别是物理学中的牛顿三大定律、查理定律、安培定律、法拉第电磁感应定律等，是怎样在理想化实验和抽象概括的基础上总结出来的，这绝不是无关紧要的。它实际上是知识中最“活”的部分。

现在，随着教学方法的改革，老师常常不是通过讲述直接地传授现成的科学原理，而是让同学们通过观察、分析、归纳、综合，自己去得出结论。这时，大家就更应重视这种“获取知识的实践”，在老师的指导下，主动地去探索，发现科学原理。

“在做数学题时，要学会发现题目背后的规律，等你费功夫弄明白时，你会忽然发现，原来数学学习这么简单。”这是升入清华大学的赵一凡给同学们的建议。

·尖子生·
·对你说·

总结解题的常规思路

数学是我掌握得比较薄弱的学科，在学习过程中，老师教给我一个抓住关键、各个击破的方法。高中数学主要有三条脉络，其中一条主要的脉络就是函数，它与三角、向量、解析几何、立体几何、概率等都有着紧密的联系，当你把这条线全部串起来后，函数的核心内容也就抓住了。完成了这项工作就可以有针对性地对自己薄弱的知识板块进行各个击破了。比如，解析几何和函数是我比较薄弱的环节，而这两块结合得又很紧密，所以在做解析几何题目的时候，我就会注意用函数的思维方法来解题，摸索出了一条比较常规的思路。在考试中应用这种常规的思路是可以节约很多时间的。

——清华大学　罗远航

062 掌握数学语言是学好数学的关键

各行各业都有自己的专业用语，俗话说：不懂行话难入门。要想上好数学课，读好数学书，要能正确地思考、解答数学问题，不学好数学语言是不行的。

数学语言的特点是：简练、严密、精确、抽象。数学语言因其字母化和符号化，和生活用语相比，显得简明、抽象。例如，大于 5 的数有无穷个，则可简明为 $x > 5$ 。如何根据这些情况，提高它和普通语言之间的“转译”能力，是正确理解数学语言的关键。学习数学语言要注意以下几个方面：

首先，要注意数学语言的附加部分。例如，“规定了原点、正方向和单位长度的直线叫作数轴”。这里主要成分是“直线叫数轴”，附加部分指明了数轴的3个要素：原点、正方向和单位长度。可见，附加部分是表述精确、判断和推理无误的关键部分，不可粗心，不可不求甚解。

其次，要注意由关联词语连接起来的各种类型的复句，确切弄清每个关联词语的含义，分清复句中各个分句之间的关系。例如：“不论……都……从而……于是……”“若……则……”“……且……”等，这些句式的含义必须搞清。

还有，对于结构复杂的长句，要注意理清层次结构，先“拆开”，再“组装”。如对余弦定理的叙述是：三角形任何一边的平方等于其他两边平方的和减去两边与它们夹角的余弦的积的两倍。对这个38字的长句的理解，可抓住其中“等于”和“减去”两个词，把原句“拆”成3个分句，分别弄懂后再“组装”。

另外，还要提高文字、式子和图形的“互译”能力，“互译”能力越强，驾驭数学语言的能力就越强。比如：直角三角形两直角边的平方和等于斜边的平方，这是文字语言。如果用式子语言表述，则是$a^2+b^2=c^2$。

清华大学的吕志鹏说：“做一道题，要会十道题或几十道题。因为每一道数学题（母题）都会涵盖几方面的数学问题（子题）。做出母题，由它繁衍出来的每一道子题也就会了，那么，凡是属于母题这一类型的题就不必一一去做而浪费有限的宝贵时间了。”

·名师·
·细节·
·指点·

精细和精炼

正确理解和使用概念，是学好数学的前提。阅读概念时一定要一字一句地仔细阅读，把每一个字、每一个词都弄明白。精读的“精”，可以从两层意思来理解：一是阅读的时候要精细，要非常认真仔细；二是总结的时候要精炼，不能啰啰嗦嗦。

——全国数学特级教师　丁益祥

063 英语课该怎么预习

不少同学忽视英语学习的课前预习，只顾复习和记忆上节课的内容。在高一的时候，有两个同学小韩和小施的英语期末考试成绩差不多，但高二以后，就因为小韩在学习上多了一道“预习”的工序，结果英语成绩一下子比小施高了10分。

那么，该如何预习英语课程呢？

初一阶段就应该逐渐养成预习英语的习惯。比如初一英语第二课，既要掌握“How are you？Fine，thank you”等口语句子，又要对 H、I、J、K、L、M、N 这七个英语字母会读、会说、会写。

怎么预习呢？光瞪着眼睛看课本，什么也看不出来。我们可以先听听录音磁带，跟读它的发音。当然，对于弄不懂意思的句子和难读的字母，可以在旁边做个记号，上课时注意听老师讲。

又比如初一英语有一课，既要掌握一些与职业有关的名词，又要熟练掌握行为动词的一般现在时态的句子。怎么预习呢？只跟着录音机读一遍课文，显然是不够的。

我们可以按如下方式去预习：先初读，根据上下文和课文图示来理解句子和课文的意思，同时把仍然不懂的难词难句找出来。

也许同学们会发现，当主语为第三人称单数时，动词的一般现在时后面要加s或es。如果我们弄不明白，就应该把它作为不懂之处记在预习笔记本上。当然，留心的同学还会把现在的不懂之处与以前的相关知识联系起来进行思考。第一步，发现teacher、farmer、driver 等与学过的动词 teach、farm、drive 相比，后边多了个er，它们在意思上有什么不同，又有什么关系呢？通过对比，我们会发现，这些词后加er，就代表“做某个动作的人”，这就加深了自己的印象。如果自己弄不懂，可以记在预习笔记本上。第二步，根据拼读规则试读新词，比如 farmer、soldier、 driver、factory等，然后跟着录音机读几遍。也许有的同学会发现soldier难读，这时可以把它抄在预习笔记本上，查一下课本后面的生词表，根据国际音标试读，再听录音。第三步，结合新词复习学过的意思相近、意思相反的词，再选一两个单词复习有关的读音规则。第四步，跟读课文录音。

·优等生·
·经验谈·

以听、读为主

可以说，初中英语的预习方法可以以听、读为主，努力发现自己容易读错的字母、单词和不懂的句子，听听录音后能及时纠正的就及时纠正，弄不懂时记在预习笔记本上，在听课时再细听老师讲。

——北京陈经纶中学　刘洋

064 如何在课堂上进行英语听说训练

初学英语时，同学们要注意发音的准确性，听发音并辨别发音的正误，这样自己模仿发音时才能读得准确。有些同学喜欢用汉字谐音给英语单词注音，这是一个坏习惯，以后纠正会很困难。英语的听说是一个实践性很强的技能，需要大量练习、反复实践才能提高。那么，中学生如何在课堂上进行听说训练呢?

1. **模仿**。人的许多技能都是通过模仿而获得的。毫无疑问，模仿是成功的方法之一。英语的模仿不仅取决于老师发音的水平，也取决于同学们自己准确模仿老师发音的能力，更取决于反复练习同样的语音和句型的恒心、耐心及牢固的记忆力。因此，同学们在上英语课时应注意做到：听师发音看口形，模仿读音要主动，自己发音师纠正，模仿录音定成功。这样反复模仿，反复练习，就可以掌握好语音、语调。

2. **利用现代音像设备加强训练**。到语音室、语言室听磁带，在家收看英语节目，用“随身听”听磁带，一有空就练习听力。这样，一定能迅速提高听说水平。

3. 朗读。朗读课文，可以使自己的语言更加流畅，语调更加自然。特别是晨读，每天坚持，口语能力会迅速提高。

4. 课堂回答提问练习。在课堂上大胆回答问题，是听、说能力提高的重要方法。因此，同学们发言要大胆，敢说敢讲，不怕出错。

5. 利用课文进行听、说练习。课文包括语音、词汇、语法，是进行听、说、读、写的综合材料。北京的一位英语竞赛优胜者是这样做的：先记生词，熟读课文，然后从第一句开始，“品字形”叠加背诵，直至将全文背诵完。

同学们要抓住一切机会练习英语对话，如师生对话、生生对话、英语角对话、英语演讲、和外宾对话等。不要怕说错，不要怕别人笑话，只要敢开口说英语，就是成功的一半。

·尖子生·
·对你说·

利用“英语角”学口语

我认为，学好英语要始终抓住说、听、练三个环节。这三者是相辅相成、不可偏废的。英语是一种交际工具，要学好它，我们的第一要务是在实践中学它、用它。平时多说英语则显得特别重要，这一点往往被不少同学所忽视。在中学学习时，我和几个要好的同学组成了一个小“英语角”，常聚在一起练口语，随着锻炼时间的推移，口语水平都有了明显提高。

——北京大学外国语学院　黄淳

065 英语课堂上的单词记忆方法

学习英语如建大厦，单词是砖瓦，语法是框架，课文是整体。就是说，会背单词、掌握语法、读懂课文是学习英语的三要素，而记忆单词则是学习英语的基础。

一般来说，同学们学英语都比较注重记忆。单词、句型只有记住了才能应用，才能看懂书。但问题是只有针对记忆内容，采取灵活多样的记忆方法，记忆效果才能提高。英语课堂上主要有以下几种记忆方法：

1. **"五到"记忆法。**即眼到、耳到、口到、手到、心到：耳朵仔细听老师的发音、语调、节奏等，嘴巴还要跟着老师读，眼要看着单词、句型或课文，还要用手写，用心想单词发音的独特之处、词意是什么、与其他单词有何联系和不同。

2. **比较记忆法。**从义的方面比较：有同义词although，though，in spite of 等；有反义词 high－low，big－small，good-bad等；有关联的词teacher-student-classroom，driver-bus passenger 等。从形的方面比较：比如，farm－farmer，teach-teacher，tonight-light-

fight-right-tight等。从音的方面比较：比如，new - knew，works - word，all-ball-wall 等。

3．**分类记忆法。**如时间类的：hour-minute-second，year-month-week-day，last year-last week-today-tonight-tomorrow等，还有动物类的、家庭类的、学校类的、植物类的等。

4．**字母位置颠倒的记忆法。**比如顺读和倒读都一样的词：madam，noon，mum，dad等；比如移动字母位置的词：no-on，not-ton，was-saw，ten-net，from-form，bowl-blow，quite-quiet等。

5．**按拼读规则记单词。**英语是表音文字，只要我们记住了它的读音，就可以按拼读规则把它写出来。

6．**词不离句，句不离文。**孤零零的单词容易遗忘，就像自己想做生意时在一个角落里自己摆一个摊子容易被人忽视一样，如果卖东西的摊子凑在一块儿排成一队，就会受人注意，生意就兴隆。因此我们说，英语学得好的人，不仅是一个会各种记忆技巧的人，而且首先应该是一个肯于下功夫背点经典课文的人。课文背熟了，单词的词义和用法也就记住了，并且能达到脱口而出、经久不忘的地步。

·名师·细节·指点·

音、形、义结合

记忆单词必须讲究一定的方法，这样才能取得事半功倍的效果。因为单词是音、形、义的结合体，所以最好从这三方面的联系去记。背单词切忌有口无心地机械重复每一个字母，应该多读读整个单词，按照每个音节的发音去联想字母，这样效果会好些。

——广州市优秀英语教师　林一苗

掌握语法是上好英语课的关键之一

很多中学生在上英语课时非常注重听老师的发音、朗读，却往往忽略了语法。其实，掌握语法是学好英语的一个重要手段。语法包括构词法和句法以及英语习惯。要特别注意搞清各种时态的意义、构成、语法特点和时间状语等。一般来说，学好语法除了在课堂上注意听老师讲解语法知识外，还要注意以下内容：

1. **练习好语感**。要经常听语音练习，持久地实践运用，耳濡目染，就能获得一口不错的英语口语。

2. **课前预习**。在学习新知识之前，认真预习课文，就会发现疑点、难点并提出问题。这时就要利用工具书，结合已有知识，自己解决问题。从简到繁，循序渐进。遇到一词多义的单词，立即查字典，弄清读音、词性和含义，切忌模棱两可。

3. **从课文和句型中学语法**。钱伟长教授曾在一次大学生谈学习的报告会上说，他最反对背书，但英语例外。可见，英语同别的学科在这一点上有所不同。课文中的语音、语法、词汇，甚至有的段落必须背诵下来，反复练习，达到熟练。背熟了课文，对一些词的固定搭配了如指掌，就可以减少语法错误。

4. **归纳概括**。学习一课或几课后，学过的知识会有些淡忘，为了便于记忆，需要把这一段时间学习的材料加以系统整理、归纳、概括，把松散的内容集中起来，找出规律性的东西，提高学习效率。例如，有时候在名词前加定冠词 the，有时又不能加。如果一个一个单词地记，就会很困难。我们可以进行归纳概括，总结出在哪些情况下可以加，哪些情况下不可以加，哪些情况下必须加。记住几条原则，掌握起来就容易多了，只需记几个特殊情况就行了。

另外，我们单凭上课听或读语法书籍而不在实践中运用，学习效率会十分低下，必须通过实践，才能逐步掌握语法。语法无所不在，在听说读写每个环节中都有语法。从这个意义上讲，任何实践都包含语法。这里着重谈的是如何做语法练习来巩固所学知识。在做语法练习时，应注意以下三点：第一，坚持先做练习后看答案。第二，做完练习之后纠正自己的错误，并找出原因。第三，要注意书面练习与口头练习相结合。

·优等生·
·经验谈·

英语也有错题本

英语的练习也可以准备一个错题本，但你应该对错题进行适当的分类。拿到一道自己的英语错题，你应该对它进行有效的整理和加工，它到底是属于哪一类，是语法类还是日常情景对话类。如果是语法类就还可以细分，是名词、动词，还是介词。这样就不至于陷入混乱中。

——南开中学　王明哲

067 跟随老师一起分析英语课文

很多同学在英语学习中会遇到一个很奇怪的现象，自己的单词量已经很丰富了，语法学得很扎实了，可就是写不出好的作文来，这是什么原因造成的呢？其实，主要原因就在于，同学们在课堂上只注重单词和句型，而没有跟随老师一起认真分析英语课文。

以优异成绩考入北京大学光华管理学院的程相源同学说：

“写作中出现‘中国式英语’的现象，我觉得很可能是因为他们在写作时不自觉地用汉语思维模式套用英语语法，所以他们写出来的语言没有什么语法错误，但用正常的英语思维却很难理解。比如在学习定语从句时，汉语一般把定语、修饰语放在中心词前面，有时候也可以放在后面，但是英语定语从句就不存在这个问题，它基本上都是把修饰语放在中心词的后面。对这种跟我们平时的说话习惯相冲突的英语语言习惯，我们平常就应该特别注意，避免‘中国式英语’。针对以上问题我主要使用课文分析法予以避免，我建议同学们也可以一试。”

程相源同学提出的课文分析法的要点是，在老师讲解新课文时，要仔细分析、揣摩它们的行文思路、段落衔接、句子结构，使自己对英语文章的写作手法大体有一个感知。当然不需要对每一篇课文都如此细心地去揣摩，关键是要找到那些能代表一类文章体裁的课文并进行分析，以后如果又遇到同一体裁不同格式、不同风格的文章时，还可以分析对比各种风格之间的优劣。

比如我们非常熟悉的高二上册英语课本第一单元的一篇课文*No Smoking Please*。先看一下这篇课文中的这样两个句子“Every year millions of smokers die because of illnesses which are caused by smoking tobacco.（每年成百上千万的吸烟者死于由吸烟引起的疾病）”“Every year tobacco companies must persuade new people to start smoking cigarettes.（每年香烟公司都一定要说服一些新人加入吸烟者的队伍）”，同样在这篇课文中还有以each day开头的句子。这种句式的特点是把本来可以放在句子中的频率副词短语，放在了句首，这样做一方面是对every year，each day的强调，另一方面又使语言体现出一定的灵活性。我们在写作文的时候，就可以借鉴这一点，把frequently，often，always，every year，each day这样的频率副词或短语，有意提到句首，提高作文句式的灵活性。

因此，只要大家在学习课文时能多留心、多注意，就一定能发现很多有用的英语知识。一旦你能把这些知识熟练地应用到作文写作中去，就一定能写出好作文。

·尖子生·
·对你说·

有色笔记

在分析课文的过程中，遇到一些有用的句式或语法知识点，可以用有色笔标注出来。像短语what’s worse表示上下文衔接，是体现一种逻辑关系的短语，对写作非常有用，就可以用色笔标注出来，以便复习掌握。

——北京大学外国语学院　刘月盈

068 物理课上要牢牢掌握概念、定律与公式

中学生对物理最头痛的应该就是繁杂的概念、定律和公式了，这些内容都是学好物理的关键。在上物理课时，同学们应认真听老师对物理概念、定律和公式的讲解，不但要听懂，更重要的是理解。

1. **学物理概念要学会归纳概括。**归纳概括，就是将物理现象进行分类比较，将同一类型物理现象的共性找出来，概括说明其本质特征。例如，“质量”的概念，各个物体的物质组成不同，但“物体所含物质的多少”就是物体的共性，即质量。它与物体所处的状态、形状、地理位置和温度无关。

2. **准确理解物理定律的物理意义。**物理定律是通过归纳大量事实和实验认识而形成的有关客观规律性的科学结论，如牛顿第一定律、欧姆定律等。

第一，准确理解物理定律的物理意义，知道物理定律的内容，理解实质，能用准确的语言表述，能联想到实例。

第二，明确物理定律的适用条件。物理定律是客观规律的总结，但它并不是在任何条件下都成立，因此不能忽视其适用的范围和条件。如热平衡方程“$Q_{吸}=Q_{放}$”的成立条件是：系统与外界无热交换。若系统与外界有热交换，则只能在不计一切热损失的条件下它才能成立。

第三，弄清物理量间的相互联系，透彻理解概念，知道物理量间的相互关系或推导过程，使知识条理化、系统化。

第四，记住物理定律所对应的典型实验。物理定律的基础是物理实验，因此应将物理定律与相应的典型实验对应起来，这有利于对物理定律的理解和深化。例如，“阿基米德定律”所对应的典型实验是“排液法”测浮力等。

3. 了解物理公式的各种类型。物理公式是物理学的重要标志，是物理定量研究的最典型的标志。物理公式可分为三类：

定义式。它是对一类问题的概括性表达式，表示某一物理概念的意义。使用这类公式，要领会它的物理实质。如密度 $\rho=m/V$，不能理解为密度与质量 m 成正比，与体积 V 成反比。密度是物质自身的特性，由物质的种类决定，与物体的质量和体积无关。

物理定律、规律、原理表达式。使用时要特别注意其适用范围。

计算式。计算式适用的范围较窄。例如，公式 $s=vt$ 只适用于计算匀速直线运动的距离。

·名师·
·细节·
·指点·

物理概念比较抽象，常常难以理解和记忆。所以同学们最好能将抽象的物理概念作形象处理，充分熟悉概念的形成过程，比如参与到概念的形成、归纳、定义的整个过程当中。

——河南省优秀物理教师　周明

069 如何上好物理实验课

物理实验，是一种独特的学习活动，在某种意义上也是学生主动参入物理现象的过程。近年来的高考物理试卷中，重视了对物理实验能力的考核，但是，目前在中学物理的学习中，实验学习依然是一个薄弱环节。那么，中学生如何才能上好物理实验课呢？

1. **重视物理实验。**作为实验性很强的学科，“大概”“差不多”“估计”等词语是不应该出现在物理中的。自己亲手所做的实验往往印象是比较深的。比如在通常情况下，人们往往认为触电是与电势有关的。如果亲自做过人体带电的实验后，就会发现人体带上几十万伏的电势也不会触电，从而知道触电是由于有电流通过人体而发生的。

2. **注意实验中的观察与思考。**在实验过程中，为了进行正确的思维活动，必须认真观察，并在观察中进行深入思考，这样才能加深对基础知识的理解，而新的发现和创造也往往产生于观察与思考中。如在引入“牛顿第一运动定律”前做有关演示时，在观察了同一高度处的小车从斜面上分别经过毛巾、棉布、木板表面时运动的距离不同后，我们应自觉地思考：小车在不同的水平面上运动的距离大小跟什么有关？当小车在水平面上运动，摩擦力很小时，运动的距离很大吗？当小车在光滑的平面上（无阻力）运动时，运动的距离将有多远？经过观察、思考、推理，加深对定律的理解。

3. 做好实验的分析与总结。做物理实验时，仅仅记下一些物理量的大小和实验现象是不够的，还需要将测得的数据进行归纳整理，由表及里、去粗取精，运用数学工具（如代数法和图像法），总结出物理规律。

4. 写好实验报告。实验报告的内容包括：实验名称、实验目的、主要原理、关键性步骤、数据的记录（表格）、运算和结果、误差分析、回答问题。实验报告要字迹清楚，段落分明，实验目的、原理、步骤要用自己的语言简练地写明，数据记录要齐全、真实，表格要合理清楚，回答问题要反映出自己在实验中的切身体会。

·高效·
·听课·
·锦囊·

实验课也要预习

很多同学把实验课当成是游戏课，并不重视，课前毫无准备。其实，在上物理实验课前也要认真做好预习。预习时要明确实验目的，弄懂实验中用到的有关理论，熟悉所使用的仪器（注意仪器的型号），了解实验步骤和应注意的事项。只有这样，才能使实验操作能准确和顺利地达到预期效果。

070 听课时要抓住化学概念中的关键词

上化学课时，很多同学都反映一些化学概念晦涩难懂，就只对化学实验感兴趣，而忽略了对基本概念的学习。其实，化学基本概念是反映物质在化学运动中的特有属性的一种表现形式，它同时也是构成化学知识的“细胞”，在化学学习中占有十分重要的地位。因此，同学们在上课时应加强化学基本概念的学习。

由于化学概念中的字词都经过了认真推敲并有其特定意义，所以在理解概念时也要像给概念下定义时那样仔细推敲每一个字词，尤其是关键词。我们知道准确、系统地掌握化学的基本概念是学好化学的基础。不论是学习化学理论，还是学习化学实验，最根本的就是掌握有关基本概念。因此，我们在学习化学基本概念时，要注意准确性、系统性和灵活性。

1. **准确性**。所谓准确性，就是要对基本概念有深刻的理解，不能含糊其辞。例如，气体摩尔体积的概念：“在标准状况下，1摩尔的任何气体所占的体积都约为22.4升，这个体积叫作气体摩尔体积。”这里面的“标准状况”“1摩尔”“任何气体”“22.4升”都有具体的含义，只有对每一层的含义都有清楚的认识，才能准确地把握这一概念。

2. **系统性**。所谓系统性，则是要注意一些基本概念之间的紧密联系。例如，氧化和还原，它们之间的联系从表面上看是氧的得失，实质上则是电子的转移。抓住了氧化与还原的内在联系，就能很好地理解“被氧化”“被还原”“氧化剂”“还原剂”“氧化性”“还原性”等概念。

3. **灵活性**。至于灵活性，是指学会运用基本概念去分析和解决问题，这一点尤为重要。又如电解质的定义如下：“在溶解或熔化时易导电的化合物叫电解质。”有不少同学就对这个概念的理解有点问题，认为硫酸钡是非电解质，其原因就在于没有注意概念中的“或熔化”三个字，因为，硫酸钡虽然难溶于水，在水中不易导电，但它在熔化状态下易导电。

·名师·
·细节·
·指点·

准确理解化学用语

学习化学概念要深入理解化学用语的内涵及外延。如F⊕9)2)7，它的内在含义是+9表示原子核内有9个质子，核内带9个单位正电荷；两条弧线上的数字表示核外第一层排2个电子，第二层排7个电子。它的外在含义表示氟原子最外层有7个电子，易获得1个电子达到惰性气体的稳定结构，因此氟元素是活泼的非金属元素，具有强氧化性等。

——湖南省长沙市优秀化学教师　谢小强

071 化学课也要记好笔记

前面我们曾经系统阐述了课堂笔记对听课的重要作用，这种作用在化学课上体现得尤其明显。要上好化学课，记笔记是相当重要的一个环节。一个化学成绩优秀的学生，一定是会记笔记而且也是有记笔记的好习惯的学生。化学笔记不仅是听课时要记，而且课后也要及时整理并作总结。下面介绍几种可行的方式供大家参考：

1. **课堂笔记**。课堂笔记是认真听讲的一种表现形式。课堂笔记适宜记录要点、重点、难点，记相关内容的推理过程，也可记老师的幽默语言，以加深对某个知识的理解与运用，还可记自己不太明白的某些知识点，以便在短时间内尽量解决。课堂笔记宜详略得当，不宜过简，不宜过繁，只有这样才能达到记课堂笔记的效果。

2. **课后笔记**。这里所说的课后笔记是指在课堂记笔记不可能充实而完整，因此在课堂笔记中应留有一定的空白处，以便在课后补充相应内容的解释及某些原理的进一步应用，或是一些典型习题的分析及解法。

3. 总结性笔记。每一节或是某一章内容，老师都可能总结相应的知识点，或归纳，或找异同，或总结知识系统，或总结某一类问题的解决，涉及这些内容的课时，笔记一定要记概要及题目，后补充知识系统、解题方法，这样才会使笔记发挥其总结完善的功能，学习成绩才能稳步提高。例如："铁和铁的化合物"一节除了记好课本的一些重要知识点之外，还要记相应知识点的整理和补充：①注意理解Fe^{2+}和Fe^{3+}的稳定性；②注意理解Fe元素的变价性及与不同氧化剂所得Fe 元素的价态高低的成因；③比较铁与H_2O（气）及活泼金属与H_2O（液）反应的差别及成因；④Fe与不同酸的反应差别；等等。

总之，不但课堂上要记好笔记，还要在课后及时地完善笔记，必要时系统地总结笔记，只有这样才能使笔记更好地为你掌握知识而服务。要想学好化学，绝不可忽视笔记这一作用，因为它是上课听讲及课后复习总结必不可少的重要一环。

·尖子生·
·对你说·

培养你的"化学头脑"

学好化学不仅仅在于会解题，能得高分，更重要的是一种化学思维的培养，或者说是一颗"化学头脑"的形成。所以，在课本之外，可浏览一些介绍化学新领域和新动态的报刊，通俗易懂的化学论文，甚至是一些大学教材。这不仅开阔眼界，拓展知识面，还有利于参加各类化学竞赛，同时对目前各类考试流行的新题型——信息题的解答也会有所帮助。

——清华大学机械工程学院　王芳

072 化学实验课的学习方法

和物理一样，化学也是一门以实验为基础的学科。实验是化学学习中经常性的实践活动，是获取化学知识的重要途径。为了达到实验目的，对同学们有以下几个方面的要求：

1. **预习实验内容**。做化学实验，首先要养成预习的习惯。应明确实验目的、要求、原理、操作要点、安全注意事项，并写出实验操作提纲或画好图表，列出待记录的空白表格等。另外，还要了解常用仪器的构造、原理及其使用方法，以及大型仪器的性能及其在化学中的应用。

2. **认真观察实验**。化学实验都是通过现象反映其本质的，只有通过正确地观察才能来验证和探索有关问题。观察一般应按照“反应前—反应中—反应后”的顺序进行，具体步骤是：①反应物的颜色、状态、气味；②反应条件；③反应过程中的各种现象；④反应生成物的颜色、状态、气味。

部分同学在观察化学实验时，只注意明显突出的现象，而忽略那些不太显著的现象。如观察铁丝在氧气中燃烧的现象时，只看到有

“火星四射”，而看不到有“黑色固体产生”。所以，一定要全面观察，才能达到实验的目的。

3. 掌握实验的基本操作技能。化学实验的基本操作是进行化学实验的基本功，是实验成功的保证。某学生使用游码托盘天平称食盐时，错误地把食盐放在右托盘里，把砝码放在左托盘里，称得食盐的质量为15.5克。如果按正确的方法，食盐的质量应为14.5克。由此可见，正确的操作程序是得到准确的实验结果的前提。此外，由于化学实验中有易燃、易爆、腐蚀、中毒等危险，所以必须强调遵守操作规程，懂得所用药品的性质，避免发生实验事故。

4. 写好实验报告。实验报告是实验的总结，一般包括实验目的、仪器药品、操作步骤、观察现象、解释现象或结论。通过写实验报告，可以巩固所学知识，并且使你的认识上升到一个新的高度。以上就是同学们在实验过程中所必须做到的，另外，还应养成良好的实验习惯，如爱护仪器，节约水、电、气及实验易耗品，保持实验室环境整洁等。

·高效·听课·锦囊·

实验课不能光看

观察化学实验，不是动动眼睛就行了，还要开动脑筋去分析和判断。如在观察实验室制氧气的实验时，只有同时思考“为什么实验前应先检验装置的气密性？”“试管口为何要略向下倾斜？”“实验结束时，为何要先将导管从水槽中取出，后熄灭酒精灯？”等问题，才能达到“知其所以然”的目的。

073 上政治课要掌握基本概念和原理

政治课的内容是由一系列的基本概念、基本原理及其相互关系所构成的体系。在上政治课时，同学们要重点听老师对基本概念和基本原理的讲解，打好理论知识基础，在这个基础上才能形成分析问题和解决问题的能力。

1. **明确概念的含义。**要完整、准确地把握概念的含义，必须分析定义的层次结构。如“法律”的定义是：“反映统治阶级的意志，由国家制定或认可，由国家强制力保证实施的行为规则，它是统治阶级治理国家的工具。”这个定义有五层含义：法律是一种行为准则，是社会种种行为准则中的一种；法律是统治阶级整体意志的体现，只有统治阶级的意志才能成为法律；法律的创制方法有两种，即由国家制定或认可；法律由国家强制力保证实施，这是法律与其他社会行为规则最显著的区别；法律是统治阶级治理国家的工具。把以上各点掌握了，就明确了法律这个概念的含义。凡是教材中下了定义的概念，都可以用层次分析法来理解它的含义。

2. 了解概念的典型对象。概念反映同类事物的共同特征，是抽象的；同类事物中的个别典型是生动的、具体的。学习概念要把含义和典型事例结合起来，用道理说明事例，用事例证明道理，做到理论与实际相结合。例如，要理解“实物地租”，就要结合农民用大米、小麦、猪、羊等向地主交租的事例。

3. 要区别相近、易混淆的概念。有些概念是并列关系的，其含义相近；有些是大概念包含着小概念，如道德和社会道德；有些概念是相互交叉关系，它们既有相同点又有区别，因此容易混淆。为了准确地掌握概念，正确地使用概念，必须认真比较，善于区别相近似的、容易混淆的概念。例如，公民的权利和公民的基本利益，它们都是法律赋予公民的、受国家保护的、有物质保证的、不容侵犯的权益。但公民的权利范围较广，公民基本利益范围较窄，后者只是宪法中明确规定的公民权利，它是公民权利的一部分。

·名师··细节··指点·

找出概念之间的联系

在政治课上，同学们应该争取找出概念间的联系，形成概念的知识体系，从而能彻底理解和灵活运用政治概念。有些概念是成对出现的，理解一个则有助于掌握另一个，比如生产力和生产关系、商品经济和自然经济、国体和政体、城市和农村、民主和专政、资本家和工人的关系等。

——陕西省西安市优秀政治教师　魏丽丽

074 一定要重视的生物实验课

同学们对生物学科的实验课一定要重视。在实验过程中，操作技能、观察能力及对基础知识的理解，都会得到提高和加深。上好生物实验课，必须从下述几点做起：

1. **认识生物实验的常用仪器。**要了解常用仪器（如显微镜、解剖器等）的作用，并掌握其正确的使用方法。

2. **做好实验准备。**实验前，要做好有关实验内容的知识准备。实验前要反复地研读《实验指导》，理清并熟记操作程序。

3. **认真观察。**对老师示范的关键步骤要认真观察，做好笔记，以免操作时手忙脚乱。

4. **亲自操作，认真细致。**在实验室做实验必须亲自操作，认真细致。对难度较大的操作技能要反复练习，直到熟练掌握。

5. **边操作、边观察、边思考。**在实验过程中，要边操作、边观察、边思考。

6. **自己动手。**要学会因陋就简，自己动手创造实验条件，动手采集实验标本。

第四章

课前预习＋课后总结

——强化听课效果的撒手锏

每当问到如何才能牢固地掌握课堂上所学到的知识，并能够灵活运用这些知识来解答题目时，很多同学都会说：牢牢抓住课堂上的45分钟。那么，是不是只要上课认真听讲就能万事大吉呢？答案当然是否定的。无数中学生的学习实践证明，听课的确是中学阶段学习的关键环节，但是再好的听课方法，如果没有预习和复习的配合与补充，也无法达到长远、稳定的学习效果。缺乏预习，就必然会影响听课的质量，不能100%领会老师的授课内容；缺乏复习，则失去了对前面所学内容的巩固和理解。前面的知识没学扎实，自然又会影响后面新课的学习，从而形成恶性循环。可见，同学们一定要高度重视预习和复习，并掌握正确的预、复习方法，从而保证自己在课堂上的学习质量更好，效率更高。

075 预习和听课有什么关系

有的同学课前不预习，上课时才匆匆打开课本，对新课内容一无所知，听课完全处于一种盲目被动的状态，听天由命，一节课下来有的听懂了，有的似懂非懂，有的甚至就是听天书。而有的同学听课是有备而来的，课前做了充分的预习，对所学新课程有了整体的了解，听起课来是如鱼得水。

由此可见，预习可以说是提高听课效率的重要一环。课前做了充分的预习，对新课要讲什么，重点是什么，难点是什么，心中有数，听起课来自然顺理成章。

1. **预习能开拓听课思路。**经过预习，心中已经有数，容易跟上老师讲课的思路，甚至跑到老师思路的前面。当老师讲到某个陌生的概念时，就会想想它是怎样建立起来的，与它相关的概念有哪些。例如，老师讲到化学中的盐时，就能马上想到酸和碱，想到酸、碱、盐的相同点和不同点。

2. **预习可以提高学习效率。**通过预习，可以解决一些自己能弄明白的问题而对不懂的内容做到心中有数，这样上课时就能集中注意力去听老师讲解，而且疑难处由于自己预习时思考过，再听老师讲解就容易明白。这样，学习内容更集中，目的性更强。同时由于有部分知识自己已经搞懂，也就能节省些时间来更深入地思考疑难问题，归纳并学习老师解题的思路和方法。

此外，对自己预习时已搞懂的内容，也可将自己思考、解决问题的方法与老师思考、解决问题的方法相对照，从中得到较大的启发，进一步打开思路，从而加深对已知知识的理解与巩固。相反，如果缺乏充分的预习，上课时老师所讲内容在书上何处都不知道，由于未知的东西太多，什么东西都要去记，结果跟不上老师上课的节奏，手忙脚乱，其效果就可想而知了。

“预习让我心中有数，” 2015年广西文科状元凌志宇说，“我不用把全部的力气花在听课上，只在老师讲到我的短板时，才投入百分之百的精力。这种有选择性的听课，使我对难点的思考更深刻，对老师的讲解记得更扎实。”

·尖子生·
·对你说·

预习是为了更好听课

刚进高中时，我觉得预习没意思，是浪费时间，反正老师上课会讲。但实践告诉我，课前不预习，听课效率不高，学习效果不好。因为有许多知识，我们往往不可能一次就能认识清楚，需要多次反复地领会，才能有深刻的印象。

——北京大学生命科学学院　刘国琪

076 明确预习的各项任务

有的同学感觉，自己也预习了，可为什么在上课时还觉得听课很困难呢？其实，这主要还是个方法问题。同学们在进行预习的时候，首先要明确预习的任务，如果任务不明确，预习的效果自然不佳，上课时也就会感觉听不懂了。预习任务的确定应因人而异，还要考虑学科的特点。一般来说，预习应完成下列任务：

1．通览教材，初步理解教材的基本内容和思路。通览教材至少要读两遍，必要时还要进一步精读、细读。对教材仅粗读一遍是达不到目的、完不成任务的。

2．查补旧知识。新教材与学过的教材是连续的，新知识是建筑在旧知识基础上的。预习时，如果发现与新课相联系的旧知识掌握得不好，就要回过头来查阅旧知识，补习旧知识。如果发现旧知识掌握得太差，就要尽快进行系统的复习，给学习新知识打好牢固的基础。

3．分析好重点、难点和关键。预习时，要反复阅读新教材，要在认真分析教材知识体系、挖掘新知识的内在联系、新旧知识的衔接的基础上，确定好教材的重点和关键。要在扫清知识障碍的过程中，发现自己难于掌握和理解的地方，以便听课时集中注意力，加以解决。

同学们一开始进行预习时，要一下子就找出课文中的重点和难点，是比较困难的。但是只要认真做下去，及时分析自己找得不准的原因，那么经过一段较长时间的自我训练，就一定能够逐渐学会正确地判断重点和难点的方法。预习的能力和质量，也会在这种一次又一次的严格要求中得到培养和提高。

4. **做好预习笔记**。预习的结果，要认真记在预习笔记上。预习笔记应记载：教材的主要内容、层次、思路；教材的重点、关键；自己没有弄懂、需要在听课时着重解决的问题；查阅的旧知识，补充的新资料和自己的心得、体会；等等。笔记应力求简明扼要，科学适用。

·名师·
·细节·
·指点·

闲时“向前学”

预习时间的安排，要在服从学习整体计划的前提下灵活掌握。根据每天的空余时间，决定预习的科目及每科的时间，要保障所选择的重点学科。课前预习一般在20分钟左右，时间多时预习可以充分点，钻研得深点。闲时可以多搞一点阶段预习和学期预习。闲时“向前学”是优等生的经验。

——北京四中优秀教师　陈年年

077 好的预习有什么具体要求

确定了预习的任务之后，同学们还要对预习的具体要求有清醒的认识。只有满足了预习的要求，才能扫除课堂听讲时的各种障碍。下面我们重点来谈谈预习的具体要求。

1. 针对老师授课的特点。在教学过程中，有的老师讲课基本依据教材，但展开得比较丰富，那么就需要学生事先对教材有一定的了解，而且要对教材作一定的分析理解；有的老师讲课完全是教材的展开、升华，那么学生应该在课前预习时了解教材、分析教材、做读书笔记。学生课前预习不能盲目，如果不根据实际情况决定预习方法，就达不到预习的目的，甚至浪费时间。

2. 针对课程的特点。预习的方式是精细还是粗略，精细粗略的程度如何，要在预习前想到。如英语每堂课语法单一、单词量少，只要稍作了解就行。但像物理这样的课程，逻辑性强，难度大，最好采用精细的方式预习，预习时甚至可动手做些实验。

3. 准备好要用的参考书。预习有时需要阅读参考书，对于有关人文知识方面的学习，有可能要参阅更多的课外书籍，这样往往能收到意想不到的效果。比如对于小说，要了解小说反映的时代背景，学习有关风土人情方面的知识，最好要多了解些相关的基础知识，这样有利于加深对课文的理解和认识。

4. **要善于发现和解决问题**。预习中要善于发现问题，能自己解决则解决，不能解决的，一定要记录下来，可不必花太多的时间思考。这样带着问题听课时，目标就非常明确，注意力也易于集中。

5. **重点突破弱科**。对自己觉得较差的科，要加强预习，多用点时间，搞得精细些，且养成良好的习惯。持之以恒，就会使预习、学习、复习形成一个有机的循环。要坚信通过坚持不懈的努力是会消灭弱科的。

·优等生·
·经验谈·

预习不是自学

预习不同于自学，它仅是种“课前自学”，不要求把新内容全部弄懂弄通。如果把预习等同于纯粹的个人“自学”，不仅会加重学业负担，而且会影响听课质量，从而导致“过犹不及”的情况产生。

——四川省成都市树德中学　王铮亮

078 如何养成良好的预习习惯

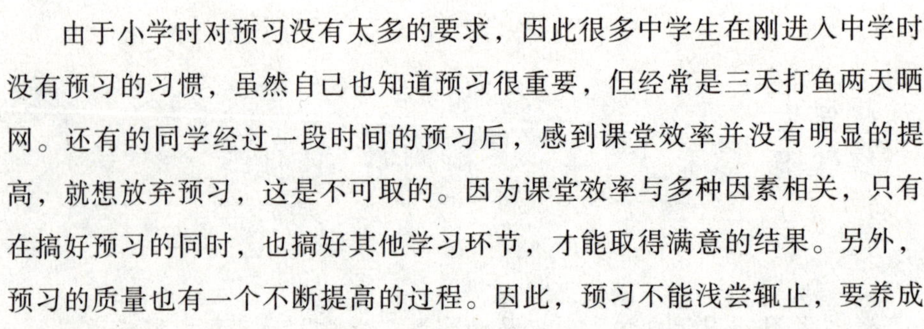

由于小学时对预习没有太多的要求，因此很多中学生在刚进入中学时没有预习的习惯，虽然自己也知道预习很重要，但经常是三天打鱼两天晒网。还有的同学经过一段时间的预习后，感到课堂效率并没有明显的提高，就想放弃预习，这是不可取的。因为课堂效率与多种因素相关，只有在搞好预习的同时，也搞好其他学习环节，才能取得满意的结果。另外，预习的质量也有一个不断提高的过程。因此，预习不能浅尝辄止，要养成良好的预习习惯。

1. **制订预习计划。**一个学期、一个单元的教学以及每天要预习哪些功课，都需要根据自己的实际情况和教学内容的需要制订出适合自己的预习计划，用计划约束自己，管理预习活动。确定自己学习最吃力的一两门课程，作为主攻目标，加强预习，坚持下去会收到意想不到的效果。

2. **保证预习的时间。**利用假期通读除外语以外的文科教材，利用星期天对理科的一些单元教材进行预习，每天要坚持预习第二天上课的内容。许多学生常常借口时间紧作业做不完，没有时间预习，在糊里糊涂中听课，其结果是知识缺漏断带越积越多，学习也就越来越困难了。要学会利用学习计划合理地安排预习时间，一定要保证每天预习第二天的一两门课程，长期坚持下去学习能力就会不断提高。

3. **努力克服预习中的困难**。在预习中培养自己的阅读和思考能力，如果以前学过的知识没落实，就需要及时复习，把缺漏的地方补上来；如果遇到难以理解的新知识，就要及时翻阅参考书、工具书，把基本概念弄明白。克服阅读中的障碍，不仅能够在学习新知识中复习巩固旧知识，还能不断培养不怕困难、刻苦学习的精神。

·优等生·
·经验谈·

对预习计划进行自我检查

在制订了预习计划后，同学们还要注意及时进行自我检查。具体方法是：在总的时间内，定出若干个期限，每一期限应该学到哪些，事先定好。到期就自己检查，看看是快了还是慢了。快了，注意检查知识是否掌握了；慢了，就努力赶上。还需要强调一点，定量预习要严格控制自己，保证计划的落实。

——北京师范大学附中　周思勤

079 掌握不同科目的预习方法

中学阶段一共开设了十几门课程，每门课程的课堂教学又有其自己的特点。同学们应根据各个科目的课堂特点和自己的实际情况，确定重点预习的科目、内容和时间安排以及预习方式等，从而使预习更有针对性。

1. **采用整体预习法。**中学历史、地理等学科教材前后联系比较紧密，阅读难度又不大，适宜于在新学期开学前用通读整本课本的办法进行预习。集中利用时间通读历史、地理课本，以章节题目以及每节课中的小标题为序写出阅读提纲，初步整理该书的主要内容。如果时间充足有条件时，还可以阅读一些相关的文献资料，并摘要记下其中与课文重点有关的内容。最后，试着做一下课后练习题，了解自己的理解掌握程度。

2. **采用章节或专题预习。**中学数学、物理、化学、生物等学科，一章或一个专题的内容联系广泛，逻辑性很强，前面的基础打不好后面的内容就学不会，一般应选择在周末或其他自由学习时间分块集中进行预习。粗读课本内容后，回想这一课中有几个概念、几条定理、几个公式。如果还不清楚就再进行细读，对定义要进行逐字逐句的分析，对其中的任何一句话，甚至一个字都不能忽略，结合课本中的例子，加深对每个概念、每条定理的深刻理解。要重视对实验的预习。阅读理解之后，写出阅读提纲，试做课后练习题。

3. **实验预习法**。中学化学、物理、生物学科的学生实验和演示实验很多，特别是认真做好学生实验，对于理解学科基本原理规律，培养学生的创新创造能力，具有重要的作用。在每次做实验之前，一定要预习实验，细读实验的教材内容，了解实验目的、实验器材和实验步骤，一边看一边在头脑中想实验，尽量想象每一步骤怎样做，会出现什么现象，怎样解释？针对课本上的每一项注意事项，要认真思考为什么要注意这些问题，如果不这样做会出现什么结果？通过读教材，在心中做实验，对实验的过程和要求有一个清晰的了解，为做实验做好准备。

·优等生·
·经验谈·

从少到多地预习

对于学习上有困难的学生，最好先从语文、外语、数学、物理、化学等基础学科或个人感到困难的学科中选择一两门学科进行预习，形成一定的经验后再去预习其他学科课程，这样有利于提高学习的积极性。

——湖北省黄冈中学　袁姗姗

080 课前预习的内容与方法

课前预习是学生学好新课、取得优良成绩的基础。如果不搞好课前预习，上新课时就会仓促上阵，心中无数，不得要领，难以消化，以至于对接受新课丧失信心。反之，如果做好了课前预习，不仅可以培养自学能力，而且可以提高学习新课的兴趣，掌握学习的主动权。对新教材有了初步的了解，就可以集中精力对付新课的重点和自己搞不懂的问题，配合教师讲授，及时掌握新知识和新技能。

1. 课前预习的内容

课前预习的内容主要有以下几个方面：

（1）围绕基本概念、原理、法则、规律、公式等阅读教材。

（2）做课后练习题，目的在于检查自己阅读时的理解程度。

（3）结合做练习题再读一遍教材，以期对知识有较深入的理解。

（4）发现先前的知识没有掌握时，回过头补上来。

2. 课前预习时要注意的事项

（1）根据老师的教学进度、教材本身的内在联系和难易程度，确定预习的内容和时间。自学能力较强的学生，可以提前一星期自学下星期要学的新课，也可以先初学一遍新教材，然后在上新课之前（一天或一星期）再自学一下即将（次日或下星期）要学习的内容。预习的时间一般安排在完成当天功课之后的自习时间内。

（2）课前预习要讲究质量，不要有依赖老师解决问题的思想，而应力争在老师讲课以前把教材基本或大部分弄懂。

（3）反复阅读新教材，运用已学的知识、经验以及有关的参考资料，多问几个为什么，进行积极的独立思考。发掘新旧教材的联系，掌握新课的基本内容，尽力弄懂新教材中的每一个新概念，找出重点和难点，明确新课要解决的主要问题。

（4）将新教材中弄不懂的问题和词语记下来或在课本上做记号，使自己的大脑处于积极的思考状态，为接受新知识做好思想准备。

（5）不懂的问题，经过独立思考（包括运用参考资料）后，仍然得不到解决的，可以请教老师、家长、同学或其他人。

·名师·细节·指点·

课前预习时间不宜过长

课前预习应该要有时间限制。对于中学生来说，学习任务相当繁重，不可能抽出很多时间进行预习。再者，长时间的预习会使人感到疲劳，效果也不好。一般来说，每天每科目抽出10～20分钟的时间进行课前预习即可。

——江西省优秀教师　石恢明

081 掌握课前预读的技巧

课前预读就是阅读新教材及参考资料，必要时还需要阅读与新课有关的已学课文，有针对性地复习新课中可能涉及的旧知识。通过课前预读，可以帮助同学们对即将上的新课有一个全面的了解，在老师讲解时就能更好地加深印象。

这里首先牵涉到一个读书的方法问题。要进行预习，必须学会读书。读书的方法有多种，不同内容、不同性质的学习，应有不同的读书方法和要求。课前预读对阅读的理解层次要求不高，如果将读书划分为粗读、细读和精读三个层次的话，那么课前预读只要求达到由粗读到细读的层次。

1. **粗读**。即用较快的速度概览全篇课文，观其大略，了解梗概，从而对新课有一个粗略和直观的印象，并对课文中讨论的主要问题做到心中有数。

2. **细读**。也就是仔细地阅读。细读中应弄清课文的重点、难点及个人的疑点所在，要求能把握中心，初步理解课文。粗读课文以后，往往会产生一种“欲知后事如何”的感觉，这证明对课文内容的思考已经有了一定的意识指向，它会驱使自己的思维向更深入的方向发展，这时应回过头来从课文的开头分段细读。在细读中对于重要的概念和定理常常需要咬文嚼字地阅读，只有这样，你才会真正理解概念和定理中最关键的字、词、句的特定含义。

3. 拟订预习提纲。预习前最好能草拟预习提纲，然后根据预习提纲带着问题去阅读、思考和理解课文。预习提纲可根据与现行教材配套发行的各学科教学目标手册去拟订。手册中每一节课都有具体的教学目的，且已划分出能力的达标层次，因此预习提纲不一定需要专门去写，可直接在目标手册上勾画或做出说明即可。只是要求预习者心中必须有目标，必须有预习提纲，像这样一种有目标导向地预读课文比完全盲目地去阅读效果要好得多。

·尖子生·
·对你说·

课前预习的主要任务

课前预习的任务主要是初步理解下一节要学的基础知识；复习、巩固、补习与新内容相联系的旧概念、旧知识；归纳新知识的重点，找出自己不理解的难题。在实践中，课前预习方法主要是阅读教材，由于我们对教材的内容已有了初步的了解，因此，对老师上课所讲的内容和板书所写的内容，哪些是教材上有的，哪些是老师补充的就会一清二楚。记笔记，重点记教材上没有的或自己不清楚的，以及老师反复提示的关键问题。这样，就可以把更多的时间和精力用于听讲和思考问题上。

——北京大学法律系　张正伟

预习时如何进行圈点批注

在进行预习阅读时，同学们要学会对课文中有关概念、定理和重点圈点画线，或者是注眉批、分段落，必要时还需要在一个专用的练习本上写写画画，特别是预习理科教材，阅读时准备好一支笔和一个练习本是很有必要的。不要小看这阅读中的圈圈画画，它留下来的往往是阅读者随课文内容而展开的思维痕迹。

圈点画线虽然并无统一的规定，但多数人却有一些习惯性的标记方法。如用圆点或圆圈表示重要、精彩的语句；用双圆号表示一段精彩内容或语句的结束；用几个并列三角形表示课文中几个并列的观点或事物；用惊叹号表示自己非常欣赏的语句；用问号表示对课文中有关问题的质疑；用波浪线表示关键性的语句和段落；用加重点符号表示段落中关键性的字；等等。

每次阅读时可用颜色不同的笔加以勾画，这样有利于区别阅读的层次，由于颜色不同，会代表不同的见解和意义，使理解步步深入。一个善于阅读的人，他会有一套自定的习惯记号，每种记号很自然地代表了自己所要表达的意义。假若写出眉批来则要比记号复杂得多，这样既简便明确，又节省了书写的地方。

有时单靠符号是不能完全表达其意义的，这时就需要注批。一般在书的天头、地脚、段尾或篇末的空白处，都可以随读随写。诸如段落篇章的简单提要、阅读中的个人见解、一闪而过的思想火花以及对课文中的问题质疑等。

写在页码顶端空白处的叫眉批，写在字行旁边空白处的叫行批，长的可以像发表感想那样写上一段话，短的可以寥寥几个字，甚至是一个字或者一个符号，如“好”“！”“？”等。批注表现了阅读时的思考过程。在写批注的时候，要注意尽量写在靠近被评论对象的地方，而对于被评论对象最好还是画上横线，打上标记，以免日后重复看那些批注时“找不着北”。

·尖子生·
·对你说·

笔记眉批怎么做

预习阅读中不要急于加批语，一知半解、支离破碎、没有领会课文精神实质的批注，不仅毫无意义，而且会造成误批。眉批的语言应简短精练，力求抓住要害。不要期望把一切问题都写透，也无须对个人见解加以发挥，更深入一步的工作应放在写预习笔记中去完成。

——中国民族大学历史学系　李占福

083 你会记预习笔记吗

同学们都知道要记课堂笔记，但很多人不会记预习笔记，或者认为没什么用。其实，预习笔记可以说是课堂笔记的预热。记预习笔记的目的在于把预习的成果整理出来，以便加深对知识的领会，从而使你在上课时更好地理解和掌握新知识。可根据不同的学习内容，不同的学习要求，以及个人可自由支配的时间多少写预习笔记。预习笔记的书写有不同的要求。

最简单的预习笔记可以只写出本节课文的重点和难点，个人的初步见解，以及阅读中提出的疑难问题。所以对一些比较简单的或是在学习时间比较紧张时的课文预习，可以只完成“读”和“画”两步程序，而不用写预习笔记。因为通常在“画”的过程中，已经勾画出课文的重点、难点、个人的见解及对问题的质疑。

最复杂和要求最高的预习笔记，则是在自己对课文已经初步理解的基础上写出的阅读笔记。这种笔记能反映全篇课文的知识结构以及各知识点的内容提要，且重点突出，层次分明。能达到这种高标准的，一般是有充裕的课前预习时间或是有较强自学能力的同学。当然，有些比较简单、理解程度要求不高的课文，多数同学的笔记也能达到这一要求。如化学中的关于元素化合物知识的课文，同学们根据已学过的研究元素化合物知识的一般方法，对新课中将要学习的具体物质，按照存在、制法、性质、检验和用途的研究线索，可独立而有条理地逐一拟出预习笔记。

有时为了避免预习笔记和课堂笔记重复，进行预习时，尽量选择那些教师依据课本设计板书的课文做预习笔记，并在写预习笔记时留出一定的空白，以便听课时把教师讲授的有价值的内容补充进去。对于有一定难度的课文，一般只要求写简单的预习笔记，预习时把更多的时间用在阅读和思考上，待上课听讲时再按教师的讲课思路写出课堂笔记。

“预习课文的时候，就把感觉重要的知识记下来，难点的知识记下来，等到老师讲的时候，不会的可以认真听，已经弄懂的，又加深一遍印象，何乐不为呢！” 夺取2015年江西高考理科状元的夏子哲在谈自己学习方法时说。

提纲预习法

有的科目像历史、地理、生物、政治等，还可以运用提纲预习法，以增强预习的效果，加深理解和记忆。这种提纲预习法就是把所学的内容列成不同形式的提纲，提炼概括为有逻辑联系的纲要结构，使之脉络清晰，层次分明，文字精练，观点突出，便于掌握章节大意和中心思想。

084 寻找最适合自己的预习方法

每个学生都有自己的个性特点和学习偏好，应该在自己实际的基础上得到发展，而不是做别的学生的复制品。预习是一个实践问题，虽然有一定的方法，但不是放之四海而皆准的真理，遵循基本原则选择确定适合自己的方法，是最重要的。下面我们介绍几种在尖子生中普遍应用的预习方法，供大家参考。

1. **鸟瞰预习法**。鸟瞰预习法就是从整体上粗略地预习，对所学知识大体了解，做到心中有数。鸟瞰法预习主要是看标题，读目录。从章节目录的大小标题中，大致了解全书或某些章节的内容。有些书的章节之下写有各章节的要点，它比大小标题具体得多，简明扼要地介绍了各章节论述的中心思想，因此利用鸟瞰法预习非常有效。

2. **尝试预习法**。尝试预习法，就是按照课文后的思考题目、复习题目或练习题目进行预习，尝试作答。答不出时再预习，预习后再尝试作答，直至大体掌握为止。尝试预习的关键是初步处理教材之后，合上书本，围绕课后思考题想一想：这一课讲了什么新问题，自己弄懂了没有，这些新知识与已有知识有什么联系，自己是否已经掌握，还有什么不懂的问题需要上课时听老师讲解？这样思考以后，就可以初步检查自己的预习效果，进而尝试做题，发现自己的知识或技巧方面的欠缺，及时对预习的方法或要预习的内容进行改进和调整。

3. **思考预习法**。思考预习法是指一边读一边想，或读完一课教材后想一想。“一边读一边想”是指在阅读教材的同时，运用已有的知识和经验，以及有关资料和参考书，进行积极的独立思考，多问几个为什么，咬文嚼字，努力发掘新旧教材的联系，尽量读懂新教材中的每一个新概念。“读完后想一想”就是在通读教材的基础上，合上书本，再回过头来想一想，哪些弄懂了，哪些不明白，哪些是重点，哪些是难点，哪些还有疑点，哪些知识与已有知识有联系，是怎样联系的。如果有遗忘的地方或想不清楚的问题，再找出有关内容弄清楚，最后做到前后贯穿，连成一片，对通篇课文有一个完整的了解。

·优等生·
·经验谈·

鸟瞰式预习

鸟瞰式预习多在假期里和开学之初进行，因为这一段时间多数可以自我安排，并且学习也比较轻松。比如，可在暑假里或开学之初新教材刚刚发下来的时候，利用一两天的时间，粗略地预习一下要学习的内容。

——中国人民大学附中　杨光

085 课前预习五步走

课前预习是一种重要的学习方式，它的重点就是通过阅读教材，达到对新知识的了解、理解和掌握。

2000年内蒙古通辽高考理科状元宋天奇说：“预习最好分两步，即预习两遍，看自己在不同的时间里对同一问题是不是有不同的看法，再来听老师的讲解就会深化认识。时间间隔以一天为最好。在时间充裕的情况下可以提前查阅资料，对将要讲的知识做到心中有数，也能增加学习的信心。如果时间较少，也可以大概地学习，但绝对不能一无所知，冒冒失失地就去听课，那样效果不会好。”

对课前预习，宋天奇提出了预习两遍的方法。但是如果时间紧促，无法做到两遍预习，那么大家也可以按以下五步来进行一个大概的预习：

第一步，认真通读教材，边读边思考，找出重点、难点和疑点，可以适当做笔记或批注。

第二步，利用工具书、参考书扫除障碍。

第三步，对不懂的问题进行分析，如果是由于旧知识被遗忘了或存在知识缺陷造成的要及时补救。将经过努力还弄不懂的问题记下来，等上课时听老师讲解。

第四步，读完教材后合上书本，围绕预习任务思考一下，教材讲了哪些内容，主要的思路是什么，哪些是新知识，与新知识有关的旧知识是什么，还有哪些问题不理解，等等。

第五步，如果时间允许的话，可以试做一些练习题检查一下预习效果。

这种五步预习方法是一种宏观性、综合性的课前预习，主要是了解知识的脉络和体系，因此宜粗不宜细。

·优等生·
·经验谈·

薄弱科目应是预习的重点

偏科是一种普遍的现象。有些学生的“偏”是这样的：其他科目都好，只有一门差得厉害。这种情形被戏称为“跛脚”现象。那些“跛脚”的学生常常使老师、家长很头疼，他们自己也非常焦虑。

要治“跛”，也要从预习开始。那就是在其他科目均有预习的情况下把这一门作为预习的重点。另外，在预习弱科时应尽可能细致，不放过任何一个细节。

——河北高考文科状元　武睿颖

086 适用于文科的提纲预习法

提纲预习法就是把将要学的内容列成不同形式的提纲，提炼概括为有逻辑联系的纲要结构，使之脉络清晰、层次分明、文字精练、观点突出，便于掌握章节大意和中心思想，非常适用于文科的学习。

针对文科的预习方法，2010年内蒙古高考文科状元王迎萦说：“有的科目像历史、地理、政治等，可以运用提纲预习法，能增强预习的效果，加深理解和记忆。这种提纲预习法就是把所学的内容列成不同形式的提纲，提炼概括为有逻辑联系的纲要。”

下面，我们以历史课的《战国、秦、汉》单元的第一章第一节《商鞅变法和封建制度的确立》为例，来详细介绍一下提纲预习法：

第一个问题：战国七雄（略）

第二个问题：商鞅变法（提纲列法如下）

（1）背景。

土地所有制改变，封建经济要求发展；

各国相继变法，公元前359年秦孝公任用商鞅，实行变法。

（2）内容。

废除井田，承认土地私有；

奖励军功，废除世袭特权；

建立县制，实行中央集权；

奖励耕织，禁止弃农经商。

（3）意义。

打击了奴隶主贵族，壮大了地主阶级；

确立了封建制，奠定了统一基础。

第三个问题：封建制度的确立（略）

通过上述提纲预习法我们可以看到，每一课的预习都可根据情况先立若干大提纲。如上例，根据课文可列出“背景、内容、意义”三个大提纲，然后再在每个大提纲下列出若干小提纲。

提纲预习法层次分明、脉络清晰，既容易理解，又便于记忆。应该说，这种预习法对历史、地理、政治等文科的学习备考确实效果不错。

·优等生·
·经验谈·

提纲不要过于详细

同学们在进行提纲预习时，只要做出大概提纲，梳理出重点内容即可。如果做得过于详细，反而会使提纲看上去纷繁复杂，重点不突出，这样不仅不利于预习，还会使预习效率大大下降。

——浙江高考理科状元　李清扬

087 利用好课本的目录

在预习、听课等各个环节，要读课本；在复习这个环节，也同样要读课本。课本，就仿佛是复习中的“根据地”，它是所有学习内容的源泉。而课本中最重要的信息之一，就是目录，所以复习时同学们一定要善读、善用课本的目录。

在谈到学习经验时，2009年江西高考理科状元龚书恒说：“我学得并不辛苦，每晚11点一定上床睡觉。要说学习法宝，我自己的经验就是要学会将课本越读越‘薄’，利用好目录。我喜欢归纳整理，喜欢将几本书的知识点归纳到一本书中进行理解、消化。”

具体来说，课本目录的利用方法主要有以下几种：

1. **忆**。就是翻开目录，看看自己是否能够根据目录，依序记忆各个课题里面的知识内容，回忆起其中的概念、性质、法则、公式、数量关系和解题方法等。在忆的过程中，可以边忆边把知识要点记在草稿纸上，以加深印象。忆不起时再翻看有关内容。

2. **说**。就是在独立回顾、记忆一番后，几人一组，共同述说各个章节的基础知识、重点内容以及知识间的联系与区别等，以此起到相互启发、相互补充、相互完善的作用。

3. 写。可先默写目录内容，看看自己是否记住了教材的主要内容。再用书面形式整理知识梗概，辨析易混知识，叙述学习的方法和体会。

其实，目录的作用是很大的，只要善于利用，还远不止上述的那些方法，这就需要同学们在实践中摸索了。

·高效·
·听课·
·锦囊·

重视课本目录的作用

很多一线教师在教学中比较注意引导学生发现目录的作用。例如，在新学期开始或新课本开始使用时，运用目录介绍新学期的学习内容或全书内容、篇章结构，做到纲举目张。比如开始学习高中《物理》第二册时，结合课本第一章的引言，让学生阅读目录，了解热学各章之间的联系。这样学生一开始学习，就能从整体上掌握教材体系，做到头脑中有比较清晰的轮廓，为以后学习各章打下基础。实践证明，这样做是有益的。例如，在以上各章学完后，学生做学习小结时，许多同学都能用两种研究方法贯穿各章，熟练把握课本脉络。

088 制订一个科学的复习计划

课后复习是对课堂知识的总结和巩固。一个完整的上课过程应包括预习、听课、复习这三个关键环节。通过复习可以使知识系统化，可以更高层次地理解并较好地掌握所学知识，并为顺利学习新课提供了保证。课后复习应制订一个切实可行的复习计划，这样可使复习目的明确、按部就班，并充分合理地利用时间。还可以使各门功课的复习彼此协调起来，使考生成为复习活动的主宰。否则，复习就带有一定的盲目性。制订复习计划需要注意以下几点：

1. **结合自己的实际情况。**制订计划的时候，可以借鉴老师的、同学的，但是不能照抄照搬。照抄照搬的复习计划容易使人中途放弃，因为那根本不适合你。所以，要从自己的实际情况出发，结合自己的作息时间、学习科目等因素，制订一个属于自己的学习计划表。

2. **复习计划要兼顾全面。**每个人在学习上既有强项，也有自己的弱项。有的科目学得好，有的科目学得差。考试是对知识的综合检验，是以总成绩为依据的。所以对应考科目要做到齐头并进，一定不要偏科，偏科会使总成绩大打折扣。因此，不放弃自己不爱学或学得不好的科目是明智的。在制订复习计划时，要多放一些时间和精力在自己学得特别糟糕的科目上面，才有成效。

3. **根据大脑记忆周期安排重复记忆。**一个相对完善的时间表既要涵盖每月的整体安排，又要包括每月以及每天、每时的细节规划。人的大脑不可能一次就记牢某些知识。通常情况下是短时记忆，会逐渐遗忘。

4. **复习计划的周期不易太长。**学生可以制订一个长期的总体性的把握大局的复习计划，将它作为自己复习的纲领来完成。但是对于一个详细的复习计划来说，不宜订得太长，因为学习状况也是不断变化的。如果在执行了一段时期的复习后，发现自己薄弱的学科有了长足的进步，不足的知识点也已经得到巩固，就要适当地对计划进行调整。比如，复习语文，如果你的语文基础不够扎实，那就要先记生词，于是在计划里就要规定每天复习多少个生词。一段时间以后，你发现自己生词有进展了，又发现句子还要多加练习，那么，你就要给自己安排每天看一部分的句子，做一定量的练习加以巩固。同样道理，如果你的语文有了进步，你就可以把语文上的时间抽走一点花在数学或其他相对较弱的学科上。

·名师·
·细节·
·指点·

常见的复习安排

针对中学阶段的学习，科学的复习时间大致可以这样安排：

（1）当天学习的内容，当天找时间复习一次；

（2）一周之内找适当时间进行第二次复习；

（3）一个月之内找适当时间进行第三次复习；

（4）在考试之前，进行最后一次复习。

——广州市优秀教师　毛旺民

089 熟悉复习的形式与要求

在学习过程中，很多学生常常有这样的感觉，一节课听得很有兴趣，老师讲的内容都听懂了，但是课后仔细回想起来真正记住的东西并不多。一个学期、一个学年学下来，如果不复习也不会记住多少东西。由此可见，仅凭课堂上的听讲，要想把所学的知识全部理解，这几乎是不可能的。这就需要课后复习。就中学生的复习而言，一般复习可以分为课后复习、当天复习、单元复习和总复习几种形式，其要求如下：

1. **课后复习。**每一节课老师讲完后即利用最近的自习时间立即进行复习，把课本内容再阅读一遍，结合翻阅课堂笔记，迅速回忆一遍讲课内容，能加深对知识的理解和记忆，具有趁热打铁的效果。许多学生不看书就匆匆忙忙去做题，心里想着尽快做完题去玩，实际上这是极其有害的。

2. **当天复习。**每天利用晚自习时间，对当天所学的知识进行整理和复习。把当天学过的课文再读一遍，仔细想想重点的内容是什么，掌握了没有，疑难的地方弄懂了没有？再根据课本内容，写出知识要点提纲，把课堂笔记修改补充完善。最后，合上书本将当天的主要功课在脑子里过一下“电影”，一门课一门课地回忆知识要点，对那些没有理解的就及时把它补上来，做到当日事当日毕，一步一个脚印地完成学习任务。

3. **单元复习**。每一单元（或一章）的学习结束后，在老师的指导下，依据课程标准（教学大纲）和考试说明的要求和规定，通读全章的课本内容，从课本入手，抓住基础知识、基本理论中的重点内容，在理解掌握的基础上，归纳梳理知识点，整理学习笔记。由点到线，由浅入深，从易到难，从简单到复杂，把各个知识点之间的网络建立起来，较为系统地把握基础知识，既搞清楚知识之间的内在联系，又弄清与其他知识的横向联系，就会达到融会贯通的目的。

4. **总复习**。一般指初中或高中毕业升学考试前的集中复习，内容是对整个学段数本教材的系统复习。通过系统复习，对整个基础知识进行摸底，做到心中有数，进一步全面熟练地掌握基础知识，抓住薄弱环节，弥补知识缺漏。

·名师·
·关键·
·提示·

文理科的复习特点

文科学科重在复习基础知识与基本理论。理科学科重在基本概念、公式、定理、定义的掌握，再做一些典型的练习题，全面系统地掌握整体学科内容，完善知识结构体系，学会知识的迁移应用，提高各类试题的解析能力。

——北京市育才学校优秀教师　王蕴

090 复习时要紧紧抓住教科书

许多学生总认为课堂上听讲就是看课本，课后复习时就不用看了，应该看复习资料，并喜欢找一些五花八门的难题做，这是十分有害的。从根本上看，试题无论有多大难度、多强的综合性，都不会超越课本基础知识，考试试题都是围绕着课本知识设定的。复习应当以教科书为主，落实到课本基础知识上是根本。那么怎样利用课本来复习呢？

（1）利用课本目录进行复习，准确了解自己掌握知识的程度。在复习每一册课本时，先看看课本的目录，对照目录回忆课本的内容：这一章的内容有几节？每一节都有哪些重要知识点？你已经熟悉掌握了的内容，一看到目录就能清楚地反映出大致内容来，如果想不起来就需要进一步细读课本。

（2）把目录变成复习的问题，根据目录的顺序记忆各个章节的知识内容，回忆概念、性质、公式、定理原理和典型题例及其解题方法。利用目录来回忆知识，不仅有利于搞清每个知识点的来龙去脉，还能全面掌握课本中的知识点，有效防止知识的缺漏。这样长期训练有利于形成积极的思维定式，在做练习题或考试时，一旦出现某个问题大脑就会迅速展开围攻，储存的知识会形成一股风暴扑向问题目标，问题就能轻易地得到解决。

（3）针对重点内容和知识缺漏，读懂读通教材。对有重要知识点内容的课文要反复仔细阅读，弄清它们的内在本质及其知识间的联系与区别。读课本的过程中，要努力把主要公式、定义、定理、重要结论和一些特殊例题的特殊解法记下来。通过读课本，再把各章节之间的内容联系弄清楚，这样基础知识的脉络就清晰了。

（4）依照课本目录顺序，默写课本的主要内容或知识提纲，再与课本进行对照，以查找自己对基础知识的掌握情况。这样坚持下去，就会建立起各个知识点之间的网络关系，全盘了解和掌握课本知识，形成心中的一盘棋。

·高效·
·听课·
·锦囊·

善用教辅用书

同学们在利用教科书进行复习时，可以选用一本编得比较好又与课本结合紧密的教学辅导用书，进行全面的阅读和练习，提高自己的应用能力。教辅用书的使用一定要适合自己，绝不可过多过滥，否则就会跳进题海被淹死。学习比较轻松的学生，还可以读一些小说、人物传记、科普书、学习体会之类的书籍，调节学习情绪，增加知识积累。

091 高效的做表（图）解复习法

前面我们曾经讲过课堂上的图表笔记法，在课后复习中，也可以用做表（图）解的办法复习。这样能把知识梳理清楚，将老师讲解的分散的、易混淆的知识用表格的方式串到一起，以利于加深印象，方便记忆。做表（图）解要注意以下几点：

（1）通读课本内容，在全面透彻理解学科内容的基础上，弄懂弄通基本概念，把握知识重点，寻找知识间的联系，达到融会贯通的目的。

（2）设计图表，对学过的知识进行归纳整理。一单元（章）学完后，把一章中几节的内容串联起来，由点到线，由线到面，排列成单元（章）知识图表。一本书学完后或一学期、一学年下来，再把有联系的几章（单元）内容的知识图表组合起来形成总表。这样边学习边归纳整理，当初中或高中学段的学习任务完成后，这个学科的课程学习大纲（要点）就出来了。通过整理，把前后分散的知识点联系起来，有利于对知识的认识不断深化，形成系统的知识体系。

（3）做表（图）解要语言精练，条理清晰。由于一张图表的空间有限，要把一个单元（章）、几个单元（章）甚至一本书的内容点装进一个图表中，语言文字就必须高度精练简洁。要求学生在认真阅读课本、透彻理解基础知识、梳理归纳整理知识点上下功夫，有利于提高学生整体学习的能力。整理出来的表（图）解文字容量少，容易记忆。

2015年海南高考理科状元何声楷说："我喜欢把重点知识做成一个图表，有工夫的时候，我就翻出来，像看画册一样看，别说，有趣极了。"

·尖子生·
·对你说·

如何整理笔记

我们可以一边复习一边整理笔记，使所学知识深化、简化和条理化。整理可以从以下几点入手：

· 补充提示。补充听课时漏记的要点或复习时新的体会、发现；提示教材的重点、关键，或正确思考的角度、方法等。

· 综合归纳。概括各知识要点，写出内容摘要。

· 梳理知识。抓住知识之间的联系，理清条理，编出纲目。

· 善于总结。要善于总结自己以往考试时容易出错的地方。

——清华大学经济管理学院　张昊然

092 复习过程中要善于抓住主要矛盾

在学习过程中，各人的学习效果不尽相同，有的学科学得好一点，有的差一点；在一门课程中，有的是重要内容需要详细理解掌握，有的做到一般了解就行了。因此，复习过程中要善于抓住主要矛盾，根据个人学习特点和学科特点，分清主次，采用有针对性的方法进行复习，是十分重要的。

1. **下功夫攻克薄弱学科。**一定要清楚了解自己的学习情况，在学习有困难的学科上多下功夫，集中精力解决基础知识缺陷，把基础打好，再逐渐提高学科学习能力，力争使自己学习的弱项变成强项。切不可只把功夫下在自己偏爱的几个学科上，其结果短腿学科越来越短，总成绩就提不高。

2. **查缺补漏，解决学科知识断点。**一本书学完后，哪些章节内容掌握较好，哪些地方学习困难还很多，一定要做到心中有数。要适当集中精力，多用一点时间把没有学好的地方补起来，严禁拖泥带水，留下知识的断带和断点。

3. 分清重点内容和一般内容，在重要知识点上下功夫。对重点内容一定要下功夫弄清并理解透彻，搞清它们的本质含义和内在规律，以及和其他知识间的联系。在重要知识点的应用上多思考多练习，系统掌握重点知识。对一般的知识，要把基本概念搞清楚，达到了解的程度就可以了。

4. 要抓紧平时的学习。复习的最重要任务是解决各部分知识之间的联系问题，要在分析、比较的基础上，进行综合、归纳、抽象、概括，从而完成知识系统化的工作。概念是思维活动的细胞，复习是使思维的细胞组成一个思维的有机体，或者说，把概念组成一个概念体系，形成基本的理论。但是如果平时不抓紧学习，复习时一下子就会陷入对一个个基本概念的理解中去，名为复习，实为补课，因而导致复习的进展极慢。可以说，平时学习是准备原材料的过程，而复习是组装知识大厦的过程。平时不备料，“知识大厦”在复习时就建立不起来。可见，抓紧平时的学习是搞好复习的基础，复习是平时学习的深入和继续，二者不可分割。

名师关键提示

复习不是重复

复习不应该是机械地重复。除了背诵、抄写、做题之外，还可以用回忆、自我提问、举例说明、比较分析、材料对照、绘制图表等多种方式。只要是适合自己的方法，我们都可以尝试，并从中慢慢摸索出一套属于自己的复习方法。

——深圳市优秀教师　王雪娟

093 最有用的“过电影”复习法

很多同学都反映，课堂上老师讲的知识，当时是记住了，可才过一两天，就感觉印象不深了。这是遗忘规律造成的。大量试验证明，遗忘在知识记忆最初的时间快，越到后面遗忘得就越缓慢，即遗忘发展的规律是先快后慢。因此，我们必须在上完一堂课后进行及时复习，即在遗忘没有大规模开始之前进行复习，阻止遗忘的发生。复习时间间隔越长，记忆花费的时间就越多，甚至几乎等于从头学习。所以，及时复习是很有必要的。

“过电影”复习法就是及时复习的一种，也是优秀学生经常用的方法之一。所谓“过电影”，是指复述反思。开始复习时先不要急于去翻书，而是静下心来独立地把课堂所学的新课内容回想一遍。

某中学的一名尖子生，在介绍自己的学习经验时，提到了“过电影”的复习方法。在复习的时候，他特别认真，记忆知识点，研究例题，努力一次全部掌握。然后，把书合上，慢慢地在脑海里回忆、回味：回忆知识内容，回味琢磨与知识内容相关的例题、习题，反复推敲。如果发现自己不能回忆哪一部分的内容，就说明这一部分不够扎实，就要及时翻书、翻笔记把它重新记牢。

“过电影”有时可能思路中断，使回忆无法进行。这时可以打开书本或笔记本，去寻找有关的线索，但仍不要急于去看全书。开始复习就直接看书，虽然比复述反思要轻松和省事，但这种复习不会留下深刻的印象，理解的层次不高，效果往往不好。常常是看书时仿佛什么都明白，但一放下课本，就什么都不明白甚至根本记不起什么了。

“过电影”是一个思考和记忆过程，每一次复述都要将学习的内容再现一次，使新知识得到一次强化和巩固。另外，通过“过电影”，可以发现自己知识的薄弱环节。通常，能回忆出来的，基本上是自己已经懂了的部分。回忆不出来的，是自己没有弄懂或没有掌握好的内容，在后面的复习中再进行重点学习。

·尖子生·
·对你说·

我的方法

我是住校生，每天学校到10点准时熄灯。可如今功课这么多，晚自习做作业都来不及，哪还有时间复习？后来我想了一个绝妙的办法：躺在床上想着复习，即一节课一节课地想知识要点。

就是这样，我将每天的功课在脑子里过一遍电影，大约也就花30分钟。似乎比在家复习的效率还高，效果还好。每天想完，我都如释重负，带着满足和微笑进入了睡乡。

——北京大学政府管理学院　吴旭

094 复习的效率如何提高

怎样才能达到复习的最高效率呢？怎样才能既进一步理解知识、活用知识，又能从新的角度融会贯通，而不是简单地重复呢？一些优秀学生总结出以下几点：

1. **整体把握、抓住重点、攻克难点。**复习时要做到心中有数，不能胡子眉毛一把抓。如果哪儿都想抓几下，那么不仅什么也复习不好，反而会觉得越复习越乱。翻开笔记，将所学过的知识的重点、难点都整理一下，可以将各章节的知识用图表的形式归纳整理出来，然后根据前面的简介提示找出重点、难点。对照自己的笔记，看看自己记得是否全面，查漏补缺。看看哪些地方还是最薄弱的地方，自己能不能解决，不能解决就要找老师彻底弄清，绝不能放过去了。因为课本的编排知识点是系统化的，它不是孤立零散的，而是具有内在联系的。因此，只要理清重点、难点就可以有的放矢，事半功倍。

2. **复习要讲究因科制宜。**不同的学科有不同的特点，文科以记忆为主，理科以思考为主。所以在复习的时候，一定要根据不同的学科，选择不同的复习方法。

以数学这一学科为例，它是一门需要动脑筋、思考性比较强的科目，如果你以为只要在复习时记住了公式、定理，了解了例题的解法和答案，就能够学好数学，那就大错特错了。学好数学的关键在于活学活用，关键在于如何用这些公式、定理解答各种各样的问题。

3. 先回忆后看书。每次进行复习时，先不要急着看书，尽可能地独立思考回忆。遇到难题或不理解的内容，也不要忙于翻书，先自己想想看，实在想不起来才去看课本。这样做，是逼着自己动脑筋，从而有助于强化记忆，提高学习效率。

·尖子生·
·对你说·

复习时需要集中时间

复习时需要有比较集中的时间和不受干扰的安静环境，否则，就会因为时间和环境的影响而打断思路，影响效果。平时要找比较集中的时间是困难的，可以采用把分散的时间集中起来的办法。

例如，为了复习力学，可以把每天完成当天学习任务后所余下的时间都用来复习力学，坚持一个月，这样就会收到明显的学习效果。有些同学不善于平时集中时间来进行复习，要等到大考前才来进行总复习，这不仅不利于学习，也不现实。

——复旦大学建筑学院　梁民

095 系统复习要抓基础知识和题型

系统复习一般在大考前进行，因此搞好系统复习对考试时取得好成绩至关重要。但有不少同学不知道复习时应抓什么，一般只会做两件事：一是背诵老师规定的重点题；一是自找一些自以为重要的题做，以此来赌题。这样的复习既不会对所学知识起巩固作用，也不利于解题能力的提高。考前只有按照系统复习的方法去做，才能取得好的效果。系统复习的方法有：

1. **抓好基础知识的复习。**考试前抓基础知识的复习是系统复习的重要任务之一。具体可分两步：

首先是阅读。阅读什么？第一，阅读教材。着重抓基本概念和基本原理的领会和记忆；第二，阅读参考书。从新的角度进一步理解、记忆知识；第三，阅读笔记。笔记是自己归纳总结出来的重点知识，通过阅读，使自己记忆的知识迅速达到原来记忆的水平。

其次是归纳。考前复习的归纳不同于平时的归纳。平时是小范围的，考前复习是在平时学习归纳的基础上进行的。考前复习的归纳不是简单的知识罗列，而是依据知识间的内在联系，打破章节界限，重新将知识进行分类、归纳、整理出来。这只能在把握全书基础知识结构的基础上才能进行。

2. **抓好各种题型的解法。** 考试复习期间多做一些练习题，有利于提高综合运用所学知识的能力。猜题和盲目做题的方法不可取。科学的方法不是以会解、记住某个题的解法为目的，而是在解题过程中摸索、归纳出一类题的解法。选练习题也可以打破章节限制，根据知识的内在联系将同一类题集中一段时间进行重点练习。题的类型可以参考统考题的类型，这样针对性会更强一些。

·优等生·
·经验谈·

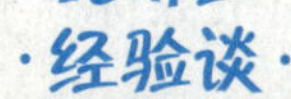

浓缩知识

考前知识归纳的目的是将学过的重要知识从教科书里、笔记本中抽出来，压缩在几页或一页纸上，形成图表、公式和概括的形式。这一番高度浓缩，将帮助你准确而高效地记住形成线索的词、公式和主要知识内容。如果我们不进行知识的浓缩，就会增加记忆负担，不但不能快速地识记，记住后也容易遗忘。

——山西省太原一中　马莉

096 实用的“四化”复习法

在复习中，怎样才能既进一步理解知识，活用知识，又能从新的角度融会贯通，而不是简单地重复？有的同学采用消化、简化、序化、系统化的“四化”复习法取得了显著的效果。

1. **“消化”已学知识。**消化是知识有效存储的基础与前提。如果对所学的知识不理解，就谈不上真正的消化。而不消化的知识是进不了“信息库”编码存储的。要消化，就要从自己的实际出发，做到有所不为，才能有所为。复习时，回头一看学过的知识有许多很陌生，此时如果急躁、贪多，什么都想学，想一口吃成个胖子，结果只能贪多嚼不烂，复习跟没复习区别不大。要治疗“消化不良”，就不能贪多求快。要从一点一滴做起，稳扎稳打，步步为营，宁肯少些，也要好些。

2. **简化繁杂的知识。**简化的关键是将知识浓缩概括。将繁杂的知识简单化，凌乱的知识条理化，相互之间逻辑化。经过加工整理，就可以用简单明了的公式、符号和图表等多种形式将知识纳入有机的体系之中，就能把知识变成自己的。这样既利于记忆储存，又便于提取使用，运用时就能做到思路纵横伸展，左右逢源。

3. **序化杂乱的知识**。序化是占有知识到牢固储存知识过程中的重要一步。从某种意义上讲，序化的过程，也是对知识进行“集装”的过程。如同轮船装货，同样多的货物，用“集装箱”装比用散装来装所占体积要小得多，装卸效率要高得多。如果复习中能按各学科知识的内在规律与联系，进行比较、分析、分类、综合和小结，有条不紊地将输入的信号分别装入大脑的各个有关功能区，进行编码和存储，各种知识便都可以有规律地进入存储系统之内。

4. **使知识系统化**。就是经过查缺补漏后能全面系统地掌握知识。“系统化”跟“简化”“序化”有相同的地方。这种复习方法，使用的时间越长，复习效果越好。

·名师·细节·指点·

复习需要张弛有度

复习时采取单科集中的所谓“攻坚战”，内容单一，容易造成大脑疲劳，降低记忆力。因此，复习期间，要多学科、不同内容交叉进行，做到一张一弛，多科并举。

——广东省优秀教师　刘仕坚

097 先复习，后做题

做题也是课堂学习的一个重要环节，它对于巩固和消化课堂学习成果，培养、锻炼分析问题和解决问题的能力，都是十分重要的。但实际上，不少学生并没有真正认识到做题的重要作用，而把做题仅仅看成是完成老师交给的一项“任务”。这样，在做题之前，并没有真正理解课堂上所学的知识，就匆匆忙忙下手，一边翻书查公式、例题，一边糊里糊涂往本子上写。如此这般，虽然也能够把题做出来，但并没有多大收获。因为用来解决问题的知识只是从书本搬到作业本上，并没有完好地进入大脑的记忆库中，一离开书本很快就会被忘掉。

为了有效地解决这些问题，真正达到做题的目的，同学们应该先复习，再做题。有的同学认为，课堂听懂了，做作业也没有困难，为什么还要强调先复习再做题呢？这是因为：首先，在中学阶段，知识体系比较完整，任何一章一节都事关全局。虽然复习和做题都是巩固听课、深入掌握理论的重要环节，但各有不同的侧重点和要求，不能互相替代。复习着重搞清理论，而作业着重掌握理论的运用方法和技巧，只有搞清理论，才能打好运用的基础。不复习就做题，做题的效果只能是慢而差。其次，虽然有时也能对照例题、死套公式来完成作业，但这样做并不完全能通过作业进一步加深对理论的理解，也不一定能达到熟练运用理论的目的。

因此，在做题之前，应力争做到把老师这节课所讲的内容系统认真地看一遍，弄清楚基本概念和原理。想想这节课提出了哪些定理、公式，这些定理、公式是怎样得出来的，有什么意义，相互间的关系怎样，在实际生活中有什么作用。尤其是课本上的例题，具有典型性和代表性，要注意题目中哪些是已知条件，哪些是结论，解题时用了哪些方法，解题思路是什么，解题的突破口在什么地方等。只有弄清楚这些之后，才能动手做题。

“磨刀不误砍柴工，”以裸分699分成为2015年北京高考文科状元的蔡雨玹说，“知识点清楚了，难题也就迎刃而解。归根到底，就是要发现题目的规律，这比做多少题都有用。”

·尖子生·
·对你说·

复习和做题

复习花多少时间、复习到什么程度再做题？应机动灵活掌握。一般说来，当老师讲课内容不多，作业也不是很多的时候，应先详细复习，再做作业。但当讲课内容很多、作业也多的时候，可以先做容易的作业，这样既完成了一定的作业，又可以发现问题，总结经验，在此基础上再去复习也可有的放矢。

——北京师范大学中文系　金艺华

098 每节课后都要及时复习总结

人们常说“重复是学习之母”，就是强调对刚学会的东西必须强化复习。复习能够达到对知识的深入理解和掌握，在理解和掌握的过程中提高运用的技巧，进而在运用的过程中，使知识融会贯通、举一反三。因此，同学们应该赶在遗忘之前及时复习，以达到事半功倍之效。

谈到自己的学习技巧，中考状元陈栢用“放羊吃草”“考后100分”这八个字概括。

所谓“放羊吃草”，就是在平时的学习中跟着老师的步骤学，课堂上认真做笔记，课后把所学的内容回忆一遍，找出自己的问题和不足，哪有不足就补哪里。关于课后及时复习这一个问题，陈栢补充说：“根据遗忘规律，我觉得我们最好在学完功课后的24小时内复习。如果时间过长，我们遗忘得也就越多，这样复习起来就事倍功半了。除此之外，我觉得课后立即复习还可以让我们把学到的零散知识拼接起来，在知识之间建立起联系，能让我们看到一幅完整的‘知识图案’。”“考后100分”则是要求自己考后总结经验，纠正错误，再做一遍试卷并且一定要达到100分。

学完一节课，要及时总结：这节课的学习重点是什么，哪几个知识点掌握了，还有哪几点比较模糊。这样一来，已掌握的知识得到了强化，不清楚的地方可以及时想办法补救。

课后小结一般可以从以下几个方面去进行：

（1）回顾一堂课从头至尾的过程，这节课主要内容是什么，老师开头是怎样引入的，中间是怎样引导分析的，最后是如何总结归纳的，弄清来龙去脉。

（2）合理评价老师的讲课思路。在理清老师讲课思路的基础上，思索一下老师用了哪些思维方式、思维过程怎样。

（3）概括出本节课所学知识的要点，并将它纳入自己头脑里已有的知识结构之中，以使知识融会贯通。

2016年吉林高考文科状元马程认为，学习就像爬一座大山，而课后及时复习总结是翻越一个个小山丘，把小山丘战胜了，那大山也就不在话下了。

·名师·
·细节·
·指点·

课后总结的时间不宜过长

课后总结的时间不宜过长，一般以1～3分钟为宜，简单地概括出上节课所学的知识要点即可。如果时间过长，思维一直停留在上节课的内容中，会影响自己下节课的听课效率。

——人大附中优秀教师　周凌玉

099 高效使用参考书

在复习的时候，有的同学手里有了很好的参考书，却不知怎么用。这里讲一个高效利用参考书的好办法，就是：先删后做，先做后想。

关于如何使用参考书，高考理科状元徐峰深有体会，他是这样说的：

学习没有捷径，只有技巧和方法。怀一颗“天道酬勤”的心，以技巧结合切实的努力，成功便有可能为你所得。

参考书的使用应要求“精”。选参考书，一是选大出版社、知名老师编的，因为他们会注重自己的名誉，书的质量不会差，而且每年再版，实践性强，也会根据新情况进行调整，“试题组”之类的最好别信；二是系列书，比如入门、详解、精解，由浅入深，有难度梯度，吃透一本好书比潦潦草草地做几本书有效得多。

有些同学光做习题不对答案，这种做法的效果几乎是零。不对答案，意味着根本无法“从错误中提高”。但做错的题并非看懂答案就行，而应在看懂后的第二天尝试独立地再解一遍。

毕业于外院附中的优秀生李彦铭同学也说，参考书一定要选好，切忌浪费时间在那些冗滥的东西上。一般来说只要做好各科老师推荐的那一两本上的题就行了，其他的就真的只是“参考”了。但在这一两本之中也要有所选择，追求效率。“我做题呢（数学），一般是先看，太简单或无意义的就删掉，再从头以最快速度做一遍，太难的先不做。过几天再把做错的和没做出来的题好好做一遍，还有做不出来的就放在手边，有空就拿出来想。实在做不出再和同学讨论解决或者直接琢磨答案。”

显然，李彦铭同学利用参考书的办法是分两步走：

第一步，先把参考书中不必做的题删掉，然后再做未删的题；

第二步，先尽力去做题，做完题后再仔细思考较难的题。

通过这两步，李彦铭同学达到了三个目的：

第一，熟悉了原本不熟悉的解题方式和出题思路；

第二，对容易出错的知识点也认识得更清楚；

第三，节省了时间，提高了效率。

记住，掌握了这些方法，你就能将参考书的作用真正发挥出来。

·优等生·
·经验谈·

参考书上的三类题不必做

（1）已经掌握了的题型不必做；

（2）超出高考大纲的题不必做；

（3）太简单的题不必做。

——四川省资中一中　许宜欣

100 “旧路新探”复习法

由于复习时所接触的都是以前学过的知识，难免会有枯燥感，但如果能从旧知识中找到新的感觉，自然就会增强复习效果。

山东省莱州市一中优等生李娜说：“在复习中，机械、单调地重复同一知识，往往使人生厌。老师曾告诉我们一种‘旧路新探’的复习方法，就是适当变换复习顺序，采用‘顺逆’的方法来进行复习，这样就能给人新鲜感，也容易有新的发现，增强复习效果。”

具体来说，运用这种“旧路新探”法有三个步骤：

第一步，逆思。复习时从教材最后的章节开始，从尾到头地逆思，默忆一遍教材的主要内容，溯本求源地探索它的知识脉络。

第二步，顺读。由头至尾地依顺序读教材。由因求果，理清它的内在联系及发展线索。

第三步，顺逆交错思考。上述“顺读”和“逆思”反复多次，交错进行，这样执因求果、溯本求源地交错思考，有利于掌握教材的结构特点，弄清知识的来龙去脉，既能巩固深化理解所学知识，又能厘清思路、学习思考方法、独立探索问题。

同时，运用“旧路新探”法复习时还要注意以下两点：

1. **读思结合**。逆思与顺读要互相照应。对记忆不牢的内容，再读时要重点复习，强化记忆。复读不懂的问题，要“暂停”，多思深究，及时解决。

2. **贵在出“新”**。这种复习不能只满足于回忆起所学知识，而要透彻理解、融会贯通，力求有新的体会。复习中还要不断增添新的信息，把过去学的和今天重看的感受、认识加以比较、分析、提高，发挥思维的灵活性和创造性，求得每复习一次都有新收获、新创见，充分发挥“温故而知新”的“知新”作用。

名师细节指点

复习的重点不是难题

在复习迎考的阶段，不少同学的复习重点常会放在20%甚至是10%的那部分难点上。曾经有一所学校的高三月考内容，是把历年来错误率最高的题目集中起来让学生做，结果可想而知，学生的自信心大受打击。其实这类错误率最高的题目大多属于难题、怪题，假如我们把自己的注意力集中在这部分内容上，明摆着是长考试威风、灭自己的志气，而且对复习也很不利。

——重庆二十九中优秀教师　傅必振